KB071405

대학생,
진로와
마주하다

대학생,
진로와
마주하다

초판 1쇄 발행 2018년 2월 26일
  2쇄 발행 2020년 4월 1 일

지 은 이 이원희
발 행 인 권선복
편   집 천훈민
디 자 인 행복에너지
전 자 책 천훈민
발 행 처 도서출판 행복에너지
출판등록 제315-2011-000035호
주   소 (07679) 서울특별시 강서구 화곡로 232
전   화 0505-613-6133
팩   스 0303-0799-1560
홈페이지 www.happybook.or.kr
이 메 일 ksbdata@daum.net

값 15,000원
ISBN 979-11-5602-583-2 (03190)

Copyright ⓒ 이원희, 2018

도서출판 행복에너지는 독자 여러분의 아이디어와 원고 투고를 기다립니다. 책으로 만
들기를 원하는 콘텐츠가 있으신 분은 이메일이나 홈페이지를 통해 간단한 기획서와 기
획의도, 연락처 등을 보내주십시오. 행복에너지의 문은 언제나 활짝 열려 있습니다.

현직 진로 지도교수의 진솔한 강의노트!

대학생, 진로와 마주하다

- 이원희 지음 -

"시베리아에 발가벗고 나갈래?"

도서 출판 행복에너지

프롤로그

퍼스널을 브랜딩 하라!

사람을 브랜딩 하라는 얘기다. 제품이 아닌 사람을 브랜딩 하다니? 브랜드가 높은 제품은 억지로 노력하지 않아도 소비자가 찾는다.

브랜딩이 된 제품은 그 제품 분야에 차별적인 특성을 가지고 있다.

가령, 스마트폰 분야에서 최고의 디자인으로 유명한 제품이라고 하면 자연스럽게 '애플'이 튀어나온다. 신문 중에서 보수를 대표하는 신문이라고 하면 '조선일보'가 나올 것이다. 이처럼 어떤 분야에 어떤 특성을 말했을 때 머릿속에 그 제품이 그려지도록 만드는 것을 브랜딩이라고 한다.

사람은 어떤가?

마찬가지다. 우리나라 MC 중에서 가장 소통을 잘하는 국민MC라 하면 '유재석'이 나오게 되고, 뜀틀 분야 최고의 난이도 기술을 가졌던 체조 선수라고 하면 '양학선' 선수 이름이 나온다. 양학선 선수의 뜀틀 기술은 '양1'이란 브랜드로 알려질 정도로 세계 최고의 기술로 알려졌었다.

　이렇게 보면, 퍼스널 브랜딩이란 어떤 '분야'에서 자신이 원하는 '역할'을 다른 사람의 머리에 떠오르도록 만드는 과정이라고 볼 수 있다.

　어떤 제품이 만들어지자마자 소비자의 머릿속에 브랜딩 되기란 쉽지 않다. 처음 나온 제품을 홍보하고 소비자의 니즈를 반영하여 더 좋은 제품이 되면서 소비자의 머릿속에 서서히 자리 잡듯이, 사람 브랜딩도 마찬가지다. 대학생은 보석으로 치면 원석이다. 이 원석을 잘 갈고 닦아 상품화해 나가는 과정이 브랜딩 과정이다.

　그렇지만 사람이란 제품은 일반적인 제품과는 결정적으로 다른 점이 있다.

　스마트폰의 경우 모델이 같으면 그 제품의 스펙이나 기능은 동일하다. 반면에 사람은 동일한 사람 제품(?)이 하나도 없다. 제품의 스펙에 해당하는 사람의 능력도 비슷할 수는 있지만 모두 다를 뿐 아니라, 결정적으로 일반 제품에는 없는 성품, 태도와 같은 것이 포함되어 있기 때문이다. 그래서 사람의 브랜딩은 상품의 브랜딩과는 달리 훨씬 다양하고 차별적이라고 볼 수 있다. 그만큼 일반 제품과 달리 사람 제품의 브랜딩 가능성은 무한하다고 할 수 있다.

　그래서 내가 노력하기에 따라 나만의 독특한 사람 제품으로 탄생될 수 있는 것이 바로 사람이다. 지구상에 단 하나밖에 없는 나란 제품을 잘 브랜딩 해서 독특한 가치의 브랜드로 거듭나게 하는 것이 퍼스널 브랜딩이다.

대학생이다!

과거에는 대학생이라 하면 구속에서 해방, 자유, 낭만을 의미했다. 기본적으로는 진리를 탐구하는 학문의 전당이라고 하지만 고등학교 때까지 정해진 틀에 짜인 공부와 간섭을 받아 오다가 대학에 오면, 어느 정도 독립된 인격체로 인정받고 자유와 자율이 보장되는 신분으로 바뀐다.

사회에서도 대학생이라 하면 일반인과는 달리 봐주는 것이 많다. 아직 사회 구성원이 될 준비를 하는 기간이기 때문이다. 그래서 대학생이 사용하는 물건, 음식 등의 가격도 낮을 뿐 아니라 대학생이 뭘 한다고 하면 일단 좋은 의미로 받아들이고 기다려 준다.

이렇게 보면 대학생은 특권을 가진 신분이다. 하루라도 빨리 이 특권이 주어지는 기간을 잘 이용해서 자신을 브랜딩 해 나가야 한다. 과거처럼 경쟁이 심하지 않고 경제성장률이 높은 때는 대학교만 졸업하면 어디서든 일할 곳이 있었다. 지금은 일자리도 줄어들었지만 일자리에서 요구하는 수준이 높아졌다. 과거에는 기업을 포함한 모든 조직이 대학을 졸업한 사람을 데리고 와서 그 조직에 맞도록 교육 훈련을 해서 활용했다면, 지금은 빈자리에 자격이 충족된 사람을 선발한다. 그래서 대학 기간 동안 사회에 나갈 준비를 충분히 하지 않으면 자신의 자리를 찾기 어려워진다.

이 책은 대학 현장에서 진로 지도를 담당하면서 학생들에게 전해 줄 얘기를 담은 책이다. 시중에는 진로 지도와 관련한 책들은 차고도 넘친다. 대부분 이론서이기 때문에 학생들을 위한 책이라기보다는 진로 지도를 담당하는 지도자들을 위한 책이라고 봐야 한다. 이 책이 필요한 이유다.

　이 책의 대부분은 학생들에게 전하고 싶은 얘기를 담았지만, 일부분은 기성세대의 입장에서 반성과 더불어 당부를 적은 글도 있다. 수필 형식으로 꾸며져 편하게 읽을 수 있게 했고, 너무 많은 정보를 싣지 않도록 했다. 정보가 필요할 시점은 학생 스스로 진로에 대한 관심을 갖고 난 다음의 일이기 때문이다.

　이 책은 대학 기간 동안 진로에 관심을 갖고 진로 방향을 결정하게 하는 것이 목적이지만 과한 욕심일 수 있다. 그렇지만 막연하게 느껴지던 대학생들의 진로가 이 책을 통해 진로에 한 발자국 더 다가갈 수 있는 방향을 제시하는 역할만이라도 할 수 있으면, 이 책을 소기의 목적을 달성했다고 본다.

　이 책이 나올 수 있도록 현장에서 학생들의 진로를 지도할 수 있는 기회를 주신 대진대학교 이면재 총장님과 임성욱 처장님 차의과학대학교 서재원 부총장님. 그리고 함께 학생들의 진로를 책임지고 고민하면서 이 책의 수정을 도와준 동료 조지훈 교수님, 문윤경 교수님과 김성우 교수님 그리고 현장에서 청소년 상담을 통해 얻은 지식으로 이 책의 완성도를 높여준 아내 정은숙에게 사랑의 감사를 전하며, 마지막으로 졸고임에도 늘 반기며 출간을 허락해 주시는 도서출판 행복에너지 권선복 사장님께 깊은 감사의 인사를 전한다.

2018년 2월
대진대학교 캠퍼스에서 이원희 씀

진로야, 나오너라!

관계가 미래다

나는 누가 뭐래도 CEO

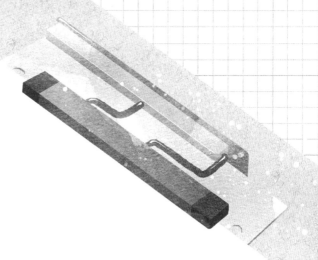

'드디어 대학생!'

대학 생활이 시작되었습니다. 축하합니다. 소주도 좋고 낭만도 좋지만, 학교를 잘 이용하여 나의 미래를 생각하면서 대학 생활을 하시기 바랍니다.

소주로 시작하는 신입생 환영회

신입생 환영회 시즌이 되면 막걸리 이벤트가 제법 뉴스거리로 등장한다.

주로 부정적인 면을 부각하면서 당장 폐지되어야 할 악습이라며 경쟁하듯이 보도한다. 학교 측에서도 다시는 그와 같은 일이 발생하지 않도록 철저히 단속하겠다고 한다.

30~40년 전 신입생 환영회 때는 어떠했을까? 모양은 다를지 몰라도 그때도 그런 절차가 있었고, 당연하게 생각했다. 선배의 낡은 구두에다가 막걸리를 부어 마시게 하거나 술판 위에 놓여 있는 다양한 술과 김칫국 같은 액체를 한꺼번에 양푼에 부어 한 사람씩 마시게 하면서 신입생들을 환영(?)했다. 보다 전통이 있거나 자부심을 가질 만한 학교나 학과의 신입생 환영회일수록 더 요란했던 것 같다. 그 당시 나는 그 이벤트가 내가 그들의 그룹에 들어가기 위해 의례히 거쳐야 할 통과의례로 생각했지 그것이 문제가 된다고 생각하지는 않았다.

결국 적응 못 하고 나오긴 했지만, 심지어 나는 술을 마시는 것이 주목적인 동아리를 경험한 적도 있었다. 그 동아리 회원들은 만나면 술부터 마시면서 주도와 주법을 얘기하는 가운데 선배로부터 인생을 배우는 게 목적인 동아리였다.

지금 생각해 보니 술을 통해 인적 네트워킹을 강화하자는 취지의 동아리였지만, 나는 매일 술을 마시며 늦게 귀가하는 일이 되풀이되는 그 동아리 적응에 실패했다. 어찌 보면 그들만의 그룹에 들어가는 통과의례에 실패한 셈이다.

사람들은 기본적으로 어떤 조직에 속하려는 욕구가 있다고 한다. 매슬로우의 욕구론에서 귀속과 애정의 욕구에 해당될 것이다. 그래서 어떤 그룹이든 그 그룹에 속하려 하고, 그 그룹에 속하기 위해서 그 그룹에서 행해지고 있는 암묵적인 통과의례를 감수하기도 하는 것이다.

가끔 TV를 보면 아프리카 종족 중에는 지금도 훨씬 더 어렵고 위험한 통과의례를 치르는 곳도 있다. 주로 성인식을 치르거나 그들의 정식 구성원이 되기 위해 치르는 의식이지만, 저렇게까지 해서 구성원으로 받아들여야 할까 하는 생각이 들 때가 있다. 우리는 그들을 보면서 미개한 악습이라고 얘기하지만, 그들은 그렇게 생각하지 않고 오히려 자신들만의 전통과 자부심의 상징이라고 생각할 것이다.

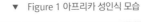

▼ Figure 1 아프리카 성인식 모습

이러한 통과의례는 정도의 차이는 있겠지만 어느 사회나 어느 집단에서나 존재하는 것 같다. 그러한 통과의례가 유지되는 것은 그 집단의 유지를 위해 어느 정도 필요한 장치일 것이고, 그 집단이나 그룹에서 상대적으로 먼저 태어나서 겪고 경험한 연장자들이 인정받고 존중받는 방법의 하나로 여겨지기 때문일 것이다.

과거에는 대부분의 정보가 경험을 통해서 얻어지기 때문에 연륜이 곧 그 집단의 상위계층으로 가는 가장 유력한 기준이었고 따라서 연장자가 그 그룹에서 자연스럽게 힘을 갖게 되었다. 그래서 연장자에게 머리를 숙이는 방법이 곧 그 그룹에 빨리 적응하고 인정받는 방법이 되므로 자연히 그 통과의례도 권위를 가질 수 있었다면, 지금처럼 모든 정보가 연령에 관계없이 동시에 접속될 수 있는 세상에서는 그런 통과의례가 권위를 갖기 힘들다. 그래서 더욱더 그런 통과의례에 대한 부작용과 문제점이 부각되는 것이 아닌가 싶다.

사실, 지금 생각해보면 1, 2년 먼저 그 그룹에 들어온 선배란 사람의 지식과 성숙 정도가 얼마나 높았을까 싶은 생각이 든다. 그렇지만 그때에는 "선배는 하나님과 동격이며… 예수님과 동기 동창이다."와 같은 농담 비슷한 문구를 술과 함께 외치며 그들 세계에 들어가려고 노력했다. 그렇게 해서 선배들은 먼저 그 그룹에 들어왔다는(대부분 먼저 태어났다는) 사실만으로 그 그룹에서의 위상을 다지고, 나 또한 나의 후배들에게 그와 같은 쉬운(?) 방법으로 위상을 확보해 누렸다고 볼 수 있다.

한편, 1, 2년 먼저 들어온 선배란 이유로 선배로서의 역할을 해야 하는 부담도 있다. 마음 같아서는 누구나 후배들의 우상이 되고 싶고, 후배들의 존경을 한 몸에 받고 싶지만 거기에는 기본적인 통과의례를 통해 자연스럽게 갖게 된 권위 외에도 제법 별도의 투자가 따른다. 밥값이라도 한 번 더 내야 하고 힘든 일이 있을 때 시범도 보여야 하고……. 그런 선배 역할을 떠맡기가 힘든 사람도 있지만 선배라는 이유만으로 내키지 않아도 그 역할을 해야 할 때가 있다. 여기서 생기는 역할 갈등도 만만치 않다. 그들만의 그룹에서의 위상을 갖기 위한 대가로 볼 수도 있지만 어떤 선배에게는 쉽지 않고 어색한 일이기도 하다.

이런 신입생 환영회 소식을 들으면서 나잇값으로 저절로 되는 선배가 아니라, 참 선배에 대한 생각을 해보게 된다.

지금까지 살면서 만나는 대단한 분이라며 치켜세워지는 선배들은 대략 이 세 부류다. "대단히 똑똑하신 분이다. 가진 돈이 수십억이다. 국장님, 그룹 임원 혹은 장관을 지내신 분이다."와 같이 소위 지능이 높은 부류, 재산이 많은 부류, 높은 직위에 있는 부류로 나뉜다. 이분들이 어떤 과정으로 이런 재산과 직위에 올랐는지는 중요치 않다. 그리고 일류대학과 높은 지능은 다른 무엇보다 선배를 평가하는 데도 여전히 높은 잣대가 된다.

이런 선배들의 한결같은 메시지는 간단하다. "돈과 권력이 최고야! 늙어서도 돈이 없으면 끝이야!"

그렇게 말하는 선배들로부터 조금이라도 도움을 받아 우리들도 그와 같은 선배들이 되기 위해 자신들만의 통과의례를 만들고, 그 통과의례를 거치면서 서로 밀어주고 당겨주고 하면서 그들만의 써클을 공고히 해 간다.

그런데 아직 나는 이런 선배는 별로 못 만나 봤다.

돈, 명예, 권력이 아니라 사람 그 자체를 얘기하고 이웃의 아픔을 이야기하고, 소박한 삶 가운데서도 기품을 잃지 않고 언행이 일치하면서 삶에서 향기가 나는 그런 선배 말이다. 이런 선배들이 사회에 더 많아지고 이런 선배들이 더 존경받고 인정받는 사회가 되어야 하지 않을까?

이처럼 선배들이 인정받고 존중받는 조직에서도 과연 그런 통과의례라는 게 필요할까? 요즘 신입생 환영회를 보면서 든 생각이다. 우리 후배들이 성장하여 선배가 되었을 때는 이런 선배들이 인정받고 존중받는 세상이 되었으면 좋겠다. 나부터 그런 선배가 되도록 노력해야겠다.

철저하게 학교를 이용하자

학교를 이용하라는 말이 어색하게 들릴지 모른다.

사람을 이용한다고 하면 부정적인 느낌이 들겠지만 학교는 괜찮다. 가능하면 최대한 이용해 먹어야(?) 한다. 그건 학교도 원하는 바다.

중고등학교 때까지는 학생이 그렇게까지 하지 않아도 된다. 대부분의 것들이 정형적으로 정해져 있어 개인의 노력에 따라 달라질 게 별로 없기 때문이다. 그리고 혜택이 누락되거나 방침이 전달되지 않는 일이 없도록 학교 선생님이나 부모들이 대부분 알아서 챙겨주기 때문이다.

그런데 대학생이 되어 느끼는 가장 큰 변화 중의 하나라면 누군가 챙겨주는 사람이 없어졌다는 것이다. 중·고등학생과는 달리 담임선생님도 없고(지도교수가 있긴 하지만 관여 정도가 다르다) 부모의 간섭도 줄어들게 된다. 또한 수업 시간도 일주일 중 며칠만 해도 되고 그것도 일률적으로 정해져 있지 않아 스스로 정할 수 있다. 이 말은 내 책임이 증가하게 된 것이고, 내가 알아서 챙기지 않으면 그냥 지나가게 되어 있다는 의미다. 다시 말하면, 내가 노력한 만큼 빼먹는 시스템으로 되어 있다는 뜻이다. 학비가 100원이라면 어떤 학생은 50원의 가치도 누리지 못한 채 졸업하게 되고, 어떤 학생은 그런 학생들이 누리지 못한 부분까지 포함해 150원 이상의 가치도 가져가게 된다.

그렇지 않은 학생도 있지만 대부분 학생들의 학비는 부모가 부담한다. 아무리 부모가 주는 돈으로 학교를 다니고 또한 아무리 자기의 적성과 맞지 않는 학과에 진학했다 하더라도, 매 학기 가족의 엄청난 돈이 학교에 투입되고 있다고 생각해 보면 학과에 충실하면서 자신의 진로를 위해 학교를 더 이용하는 방법을 고민하는 것이 합리적인 태도다. 그것이 아니라면 하루라도 빨리 부모를 설득해서 현재 투입되고 있는 돈을 자신이 원하는 진로를 위해 투자하는 편이 옳지, 그냥 '어떻게 되겠지.'라는 생각으로 왔다 갔다 해서는 안 된다.

과거의 대학에서는 공부만 열심히 하면 거의 모든 것이 따라왔다. 장학금을 포함하여 모든 혜택이 학교 성적을 바탕으로 주어졌다. 그래서 공부만 열심히 하면 장학금도 따라오고 더 좋은 직장, 더 좋은 진로가 보장되었다. 그러나 지금은 그렇지 않다. 공부를 잘할 때 받는 장학금도 있지만 학교의 상당 부분의 예산이 학생의 진로를 구체화해 나가는 방향으로 맞춰져 있다. 가령, 취업캠프, 취업특강, 취업세미나, 취업박람회, 현장실습, 인턴, 취업지원 등과 같은 곳에 예산이 집중되고 있는데, 이 부분에 대한 예산은 스스로 챙기지 않으면 전혀 혜택을 받을 수 없게 되어 있는 것이다.

학교에서는 학생들의 진로를 도와주는 쪽으로의 예산에 집중하기 위해 지금도 다양한 프로그램을 기획하고, 어떤 경우 장학금까지 매칭해서 프로그램을 만들고 있다. 그래서 자신에게 유익한 강의를 무료로 듣고 장학금도 받을 수 있게 되는 것이다. 그렇게 운영되는 예산은 정부지원이 있다 하더라도 상당액은 자신이 낸 등록금에서 운영되는 것이다. 그와 같은 프로그램을 이용하지 못하는 사람은 다른 사람에게 그 기회를 양보하고 있는 셈이다.

그래서 학교에서 실시하는 오리엔테이션을 잘 들어야 한다.

오리엔테이션을 잘 듣고 학교 이용법을 충분히 익혀야 한다. 스마트폰을 전화와 카메라 용도로만 사용하는 사람이 있는 반면, 어떤 사람들은 스마트폰을 작은 컴퓨터처럼 이용하는 사람도 있다. 전자는 100만 원 상당의 스마트폰을 20만 원 정도만 사용하는 것이고, 후자는 100만 원 상당의 컴퓨터를 사용하는 효용을 누리는 것이 된다. 폰 사용법을 익히는 만큼 더 가치 있게 사용할 수 있는 것처럼 학교도 마찬가지다. 학교 사용법을 잘 익혀야 하는 것이다.

온라인상의 학교와 학과 홈페이지는 물론이고, 오프라인상의 학과 게시판, 진로 지도 게시판, 현수막 등을 빠짐없이 챙겨 봐야 하고 중앙도서관, 학생상담실, 취업지원팀과 취업컨설팅 부서는 제 집 드나들 듯 해야 한다. 이곳의 혜택은 먼저 누리는 사람이 임자다.

학교에서 제공하는 프로그램 중 어떤 분야에는 아직 자격 조건에 미달하는 경우도 있을 것이다. 이 경우 지레 포기하지 말고 체계적으로 도전 계획을 세워 반드시 그 혜택을 내 것으로 만들기 위한 노력을 해야 한다. 그렇게 노력하면, 설사 목표 달성은 실패할지라도 그만큼 성장하게 되고 또 다른 도전에는 더욱 적합한 사람으로 바뀌게 되는 것이다.

퍼스널 브랜딩

요즘은 대학마다 이름은 다르지만 '퍼스널 브랜딩'을 위한 과목이 개설되어 있다.

퍼스널 브랜딩. 우선 제목부터 마음에 안 든다. 사람을 브랜딩 하다니? 사람을 대상으로 마케팅 원리를 도입하는 것에 거부감이 생긴다.

언젠가부터 대학이 취업을 준비하는 장소로 바뀌어 버렸다고 한다. 저성장 시대로 진입하면서 졸업생들의 사회 진출이 어려워지다 보니 학교마다 학생들의 취업을 도와주는 일이 많이 생겼다. 정부에서는 각종 명목으로 학생들의 취업이나 창업을 위해 노력하는 대학에 더 많은 자금을 지원한다. 사회적인 분위기로 등록금 올리는 것이 힘들어진 대학들은 저마다 이런 정부 자금을 받기 위해 혈안이 되어 있다.

모 대학은 이런 정부의 정책에 부합하기 위해 취업이 안 되는 인문사회 쪽 정원을 줄이고 이공계 쪽 정원을 무리하게 확대하려다 학생들의 반발에 부딪혀 문제가 되기도 했다. 또, 한편에서는 인문학 열풍이 불면서 인문학이 중요하다며 인문학을 육성하는 정부 정책이 나오기도 한다. 이런 정책의 근저는 졸업생들에게 더 많은 일자리를 만들겠다는 정부의 의지에서 출발한다.

이런 사회 분위기 속에서 대학생들은 입학하자마자 취업을 위해 고민을 하는 신세(?)가 된다. 취업을 준비하는 것 외에 대학에서 낭만을 찾고 추억거리를 만드는 것은 사치로 여겨질 정도다. 입학하자마자 자신을 어느 특정 기업과 직업에 맞추어 대학 생활을 집중시켜야 한다. 그렇게 해야 학교의 여러 장학 혜택의 수혜자가 될 수 있다. 앞으로 공부를 잘해서 받는 장학금은 폐지하겠다는 취지도 알고 보면 일자리 정책과 맞물려 있다고 볼 수 있다.

이런 현상을 각종 매스컴에서는 대학이 학문과 지성의 전당이어야 하는데 취업 준비를 하는 학원으로 전락하고 있다며 비판하기도 한다. 학교마다 정도의 차이는 있지만 이들의 비판에서 자유로운 대학은 찾기 힘들게 되었다. 그들의 비판이 일자리에 대한 대안을 가지고 하는 비판인지는 모르겠지만, 자본주의 원리 속에서 움직이는 학교로서는 다른 대안을 찾기도 쉽지 않아 보인다.

퍼스널 브랜딩…….

대학에 갓 입학한 신입생을 대상으로 빨리 자신의 흥미와 적성, 성격을 파악하여 진로 방향을 정하고, 그 진로에 맞춰서 자신을 만들어 가라는 메시지를 전하는 과목이다. 그 진로의 범위는 좁게는 기업만을 대상으로 하지만 평생을 살면서 해야 할 일을 말한다.

나처럼 장년층에 있는 우리들의 대학 생활은 어땠을까?

지금으로부터 30년 전, 그때의 대학은 지금의 모습과 달랐을까? 그렇지 않다. 그때는 지금과 같은 진로 관련 프로그램 없이 스스로 혹은 동료, 선배들과 고민할 수밖에 없어서였지, 지금의 모습과 다르지 않았다.

　1학년에서 2학년 초까지는 대학 분위기에 취해 오가다가 군 복무를 마친 후부터는 대부분 학생들이 취업 준비를 했다. 진학을 위해 대학원 준비를 하는 학생들을 제외하고는 모두 취업 준비를 했던 것 같다. 크게는 행정고시와 사법고시를 준비하는 학생, 공무원과 공기업 준비를 하는 학생, 기업체 입사시험을 준비하는 학생, 교사시험을 준비하는 학생 정도로 갈려서 졸업 후 준비를 했다. 그러나 이러한 결정을 도와주는 프로그램은 없었다. 그냥 스스로 판단해야 했다.

　이렇게 보면, 대학에서 미리 자신을 살펴보고 자신의 진로를 챙겨주는 프로그램이 있다는 것은 굉장히 좋은 제도라는 것을 알게 된다. 취업 문제가 워낙 크게 부각되다 보니 마치 대학 신입생부터 취업 준비를 시키느냐는 듯한 오해가 있어 그렇지만 이 프로그램의 취지는 그렇지 않다. 초·중·고를 거치면서 쌓아온 진로 방향이 있다면 그대로 강화해 나가도록 도와주고 그렇지 않은 학생들에게 하루라도 빨리 자신의 진로 방향을 확정해서 대학 생활을 알차고 의미 있게 보내라는 취지의 프로그램이다.

　'퍼스널 브랜딩' 프로그램은 이렇다.

　자신이 누군지 먼저 알아보자는 것이다. 알다시피 의외로 자기 자신이 어떤 사람인지를 모르는 경우가 많다. 남이 보는 내가 다르고 내가 보는 내가 다른 것은 물론이고, 이전의 나와 현재의 내가 다른가 하면, 치한 상황에 따라서도 내 모습이 달라지기 때문이다. 그렇다 하더라도 전문가의 힘을 빌려 전문 검사와 상담을 하다 보면, 진정한 자신의 모습에 가까운 근사치가 나오게 된다.

그렇게 해서 확인된 자신의 정체성 그대로를 인정하는 자존감을 바탕으로 자신감을 가지고 자신의 가치를 키워 나갈 수 있게 도와주는 것이다. 이렇게 해서 정해진 그들의 진로 방향은 앞으로도 많이 달라지고 시행착오를 겪을 수 있겠지만, 혼자서 막무가내로 부딪히는 미래보다는 훨씬 나은 미래를 맞게 될 것이다.

이렇게 해서 결정되는 그들의 진로 방향은 사람 숫자만큼 다양할 것이다. 그렇게 정해진 뒤에 자신의 강점은 개발하고 약점을 보완하면서 진로 방향대로 도전해 가도록 도와주는 프로그램이 퍼스널 브랜딩이다.

이렇게 생각하면 '퍼스널 브랜딩'은 정말 중요한 과목이다.

나를 비롯한 우리 세대는 이런 프로그램의 혜택을 누리지 못했다.

어떤 이들은 그냥 닥치는 대로 살았어도 별 문제 없었는데 왜 이리 난리들이냐고 할는지도 모르겠다. 그것은 시대를 잘 모르고 하는 이야기다. 우리들이 대학을 다니고 사회진출을 할 때는 경제 성장이 가파를 때다. 지금의 중국처럼 매년 7~10%의 성장을 할 때다. 그래서 지금처럼 세련되게 진로를 도와주는 전문가나 기관이 없어도 그냥 쉽게 사회 진출을 할 수 있었다. 그리고 진로를 바꾸더라도 큰 문제없이 새로운 진로로 진입할 수 있는 시대에 살았다.

그렇지만 지금은 다르다.

그냥 부딪히면 상처만 남는 시대다. 미리 준비하여 부딪혀도 만만치 않은 시대가 된 것이다. 새로운 진로로 방향을 바꾸려면 훨씬 더 큰 대가를 치러야 되는 시대가 된 것이다. 이런 시대에 대학 초기부터 학생들의 진로를 도와주는 프로그램은 참으로 소중하고 가치 있는 것이다.

이렇게 중요한 과목이 퍼스널 브랜딩 과목이다. 어떤 학교는 이 과목이 교양 필수로 되어 있고 어떤 학교에서는 교양 선택으로 되어 있는 이 과목을 대학 초기에 꼭 들어 두면 도움이 된다.

신입생 때부터 진로를 생각하는 일은 대학 4년을 유익하게 보낼 수 있는 시금석이 된다.

'학점이 뭐기에'

대학에서 학점은 기본입니다. 학점 관리를 잘하기 위해서는 몇 가
지 준비가 필요합니다.

- 교수와 친해지세요.
- 질문을 잘 해야 합니다.
- 핵심을 적어야 합니다.
- 프레젠테이션은 기본이지요.

교수와 친해지자

대학생이라면 무조건 교수와 친해져야 한다.

손해 볼 일이 거의(?) 없기 때문이다.

그러나 대부분 학생들은 교수가 자신보다 나이도 많을 뿐 아니라 자신에게 점수를 부여하는 어려운 사람이기 때문에 가까이 하지 못한다. 그래서 대부분의 학생은 교수님과 친해지는 몇몇 학생에게 그 좋은 혜택을 빼앗기고 있다고 볼 수 있다.

대체로 성적이 좋은 학생이 적극적이면서 교수를 스스럼없이 대한다. 반면, 학점을 포기(?)한 학생은 수업 몇 시간만 진행해 보면 금방 드러날 정도로 교수의 눈길을 피하게 된다.

그런데 안타까운 것은 80% 이상의 학생은 학점을 잘 받기 위해 열심히 공부하는 학생인데도 교수와 친해지려는 학생은 한 학기에 10~20% 밖에 안 된다는 점이다. 그것도 수업 후까지 연결되어 연락을 주고받는 학생은 한 학기에 2~3명에 그친다. 결국 그 교수의 인맥 속에 남은 학생은 한 학기에 2~3명에 불과한 셈이다.

누구나 교수와 친해질 수 있다. 어쩌면 교수들은 그런 학생들을 기다리고 있을지도 모른다. 교수와 친해지려고 노력해서 손해 볼 일은 거의 없다. 최소한 그분에게 좋은 이미지는 남길 수 있을 테니까.

공부를 잘하면 좋겠지만, 그렇지 않더라도 교수와 친해질 필요가 있다. 적극적이고 열정적인 모습을 보이면 그 학생을 대하는 교수의 생각이 조금씩 달라지기 마련이다.

알다시피 사회에 들어가면서부터는 능력보다 대인관계(태도)가 더 중요하다. 직장이나 사회에서 필요한 개인능력은 생각보다 많지 않고 대부분 인간관계에 의해서 결정된다는 것을 알게 된다. 카네기멜론 공과대의 연구 결과에 따르면 지적 능력이나 재능이 성공에 미치는 영향은 15%인 반면 나머지 85%의 성공 요인은 대인관계라고 한다. 이러한 대인관계는 지금 만나는 사람부터 최선을 다해 만나는 데서 시작한다.

교수와 친해지는 몇 가지 팁을 제시하면 다음과 같다.

: 무조건 앞에 앉아라

앞에 앉는다는 것만으로 이미 적극적인 학생이라는 선언을 한 것과 다름없다. 보통 학생들은 앞에 앉는 것을 꺼린다. 수업 중에 교수의 질문에 선정될 가능성이 높다고 보기 때문에 답변하기를 좋아하지 않는 학생의 입장에서는 달가운 일이 아닐 수 있다. 그런데 다 그런 것은 아니다. 앞에서 적극적으로 듣는 학생들 위주로 질문을 하는 경우도 있지만, 뒤에서 딴짓(?)을 하는 학생들에게 질문을 해서 수업 분위기를 바꾸고 수업 집중도를 높이는 경우도 많다.

그런데 앞자리에 앉아 수업에 적극 참여할수록 수업 시간이 짧게 느껴진다. 어차피 할 수업이라면 적극적으로 하는 것이 수업 이해에도 도움이 될 뿐 아니라 수업 시간도 금세 보낼 수 있고, 담당 교수에게도 좋은 이미지를 줄 수 있다.

: 밝은 모습을 유지하라

밝은 모습을 유지하는 일은 학교에서뿐 아니라 모든 조직생활에서 필수적인 일에 해당한다. 밝고 활기찬 모습은 긍정적인 느낌을 주고 유능한 이미지를 준다. 밝은 모습을 유지하기 위해서는 컨디션이 좋아야 한다. 그래서 운동을 습관화할 필요가 있다. 가슴을 펴고 자신감 넘치는 자세를 유지하면 스스로에게도 좋은 호르몬이 분비되어 몸에도 좋다고 한다. 당연히 교수에게도 좋은 이미지를 남긴다.

: 말을 걸어보라

무슨 말이든 말을 걸어 보라. 수업과 관련한 질문도 좋고 일상과 관련한 가벼운 인사말도 좋다. 교수에게 "오늘 의상이 잘 어울린다." 혹은 "오늘 기분이 좋아 보인다."와 같은 가벼운 얘기도 좋다. 무슨 얘기든지 말을 붙여보라. 쉽게 친해질 수 있을 것이다.

: 질문하면 무슨 답이라도 하려고 노력하라

수업 중에 질문하면, 무슨 답이라고 하려고 해보라. 틀려도 괜찮다. 담당 교수는 그 학생을 수업을 도와주는 우군으로 생각할 것이다. 질문을 한다는 것은 그만큼 수업에 집중하고 있다는 증거가 되니 좋은 평가와도 연결될 수 있다.

: 인사를 잘하라

가장 기본이며 모든 조직에서 통하는 대인 전략 중 하나다. 대인관계의 시작이 인사라고 할 수 있을 정도다. 교수가 수업하는 모든 학생을 알기는 힘들다. 인사 한 번 더 하는 학생이 기억에 남게 마련이다. 그것도 좋은 기억으로 남게 될 것이다.

: 교수의 카톡에 무조건 응답하라

수업을 하게 되면 보통 단체 카톡방을 만들고 급한 과제 확인이나 지시는 단톡방을 통해서 이루어진다. 이때 교수가 어떤 내용을 올렸을 때 무조건 답을 하거나 이모티콘이라도 보내라. 처음 한두 번은 눈에 띄지 않아도 지속적으로 응답하게 되면 그 학생은 기억된다. 교수의 머릿속에 적극적이고 예의 바른 학생으로 각인되는 것이다.

: 무슨 일이 있어 수업을 빠질 때는 반드시 교감하라

수업으로 만난 사이지만, 4개월 이상 매주 몇 시간씩 만나는 귀한 인연을 맺는 관계다. 이 관계를 소홀히 하지 마라. 일이 있어 수업을 빠질 때는 반드시 문자를 남겨라. 그리고 다음 시간 수업 시작할 때는 지난주에 이런 일이 있어 수업에 빠졌다고 얘기하고 수업에 참여하라. 수업을 소중히 여기는 학생으로 인식될 뿐 아니라 관계를 중요시하는 학생으로 인정받을 수 있을 것이다.

앞에서 얘기한 교수와 친해지는 방법들은 결국 대인관계에서 소통의 중요성을 말한 것이다.

대인관계에서 소통만큼 중요한 것은 없다. 소통은 일방적인 것이 아니라 쌍방적인 것이다. 기다리지 말고 내가 먼저 다가가는 것이다. 어렵게 생각하지 말고 먼저 다가가서 소통하려고 노력하다 보면 어느덧 상대는 나의 중요한 네트워크가 되어 있을 것이다.

질문이 중요한 시대에 산다

질문을 잘해야 하는 시대라고 한다.

한참동안 나는 질문을 잘해야 한다는 게 어떤 의미인지 몰랐다. 왜 그것이 중요한지 명확하게 그려지지 않았는데, 몇 가지 예를 접하면서 이해하게 되었다.

영화 〈올드 보이〉에서 "당신의 진짜 실수는 대답을 못 찾은 게 아니야. 자꾸 틀린 질문만 하니까 맞는 대답이 나올 리가 없잖아."라는 명대사가 있다. 어느 날 갑자기 납치되어 15년간 감금된 채 군만두만으로 버티다 우여곡절 끝에 탈출해서 만나게 된 자신을 가두었던 이우진(유지태 분)이 오대수(최민식 분)에게 던진 말이다. "왜 이우진은 오대수를 가뒀을까?"가 아니라 "왜 이우진은 꼭 15년 만에 오대수를 풀어 주었을까?"란 질문이었어야 했다는 것이다.

이 말을 듣고도, 올드 보이란 영화를 본 지 오래되고 스토리도 가물가물해서 크게 공감을 할 수 없었다. 그런데 다음 사례를 듣고는 '아하!' 하고 공감할 수 있었다. 우리 모두 다 아는 사례다.

한 사람이 먼저 신부님께 가서 물었습니다.

"신부님, 기도 중에 담배를 피워도 되나요?"

그러자 신부는 정색을 하며 대답했습니다.

"안 됩니다. 기도는 신과 나누는 엄숙한 대화인데 담배라뇨?"

다른 사람이 질문이 틀렸다며 다시 질문하러 갔습니다.

"신부님, 담배를 피우던 중에 기도를 하면 안 되나요?"

그러자 신부는 온화한 미소를 지으며 대답했습니다.

"형제님, 기도는 때와 장소가 없습니다. 신께서는 언제든지 대화의 문을 열어 놓고 계시니까요."

어찌 보면, 우스개라고 치부해 버릴 수도 있는 대화지만 어떻게 질문하느냐에 따라 그 결과가 완전히 달라질 수 있다는 것을 알게 하는 좋은 예라고 생각한다.

요즘 등장하는 강의 주제 앞에는 대부분 '4차 산업혁명 시대를 대비하는……'을 표방하고 있는데, 4차 산업혁명 시대를 견인하는 인공지능(AI)이 인간을 따라할 수 없는 중요한 능력 중 하나가 바로 '질문하는 능력'이라 한다. 호기심을 가지고 질문하는 능력은 인간만이 가질 수 있는 능력이고 이 질문하는 능력이야말로 인간의 능력을 침범해 오는 AI 시대를 대비하는 중요한 능력 중 하나라는 것이다.

이렇게 질문이 중요한 것은 우리가 어떤 질문을 받는 순간 질문 내용 이외의 다른 전제를 제한해 버리기 때문일 것이다. 가령 "어떻게 하면 행복해질 수 있나요?"란 질문은 질문을 받는 순간 지금 행복하지 않다는 전제하에 답을 생각하게 되지만, "당신은 왜 점점 더 행복해질 수밖에 없을까요?"란 질문으로 바꾸면 지금도 행복하지만 앞으로 더 행복해지는 방법을 찾는 질문으로 바뀐다는 것이다.

　나는 지난 학기 수업을 하면서 학생들의 질문을 이용해서 학생들을 평가해 보기로 했다.

　대학에서 3학점짜리 수업을 하는 분이라면 누구나 3시간 연속되는 수업 시간 동안 어떻게 학생들을 집중시킬지 여러 가지 고민을 하게 된다. 토론과 발표와 같은 참여 방식의 수업을 진행하려고 시도해 보지만 학생 숫자와 수업 내용, 교육환경을 생각하면 여의치 않다는 것을 알게 된다. 매번 과제를 내거나 수업 끝에 퀴즈를 내어 주마다 평가하는 방법도 있지만 전공과목도 아닌 교양과목에서 학생들에게 그렇게 큰 부담을 줄 수는 없는 일이다.

　그래서 생각한 것이 수업 후 질문을 받는 일이었다. 질문을 하려면 기본적으로 수업을 잘 들어야 하고, 좋은 질문을 생각해 본다는 것은 학생 능력 개발에도 도움이 된다고 생각했기 때문이다. 매주 종이 설문을 하고 거두어 정리하고 피드백 하려면 그것도 엄청나게 힘들고 번거로운 일이지만 구글 설문을 이용하면 간단히 이를 해결할 수 있다. 수업을 조금 일찍 마치고 정리하면서 학생들의 단톡방에 구글 설문을 올려두면 그날 수업 중 떠오른 질문 내용을 자유롭게 올리고 수업을 마무리하는 방식이다.

　그렇게 하는 동안 몇 가지 좋은 점이 있음을 알게 되었다.
　우선 예상대로 학생들이 수업을 마치고 수업 내용에 대한 질문을 하기 위해 기본적으로 수업에 더 집중하는 것을 느꼈다. 그리고 질문이 없는 경우 없음이라고 하게 해서 출석 여부도 자연스럽게 체크할 수 있게 되었다. 또한, 수업 시간에 질문하라고 하면 자신의 질문 수준을 의식해서 질문을 잘 안 하던 학생들도 쉽게 질문할 수 있게 되었고, 질문을 받고 답을 하는 시간 또한 절약할 수 있게 되었다.

수업을 마치고 돌아와서 학생들이 적어준 질문 내용을 보면서, 내가 학생들의 눈높이를 못 맞춘 부분을 깨닫게 되는가 하면 어떤 경우는 내가 미처 생각하지 못했던 부분이나 내가 개념을 몰라 두루뭉술하게 설명한 부분을 꼭 집어 질문하는 경우도 있어 당황해하면서도 학생과의 소통에 도움이 많이 된다고 생각했다.

그리고 질문 내용을 살펴보면 학생들이 수업에 얼마나 집중했는지도 알 수 있다. 그래서 질문 내용 중 좋은 내용의 질문을 한 학생들에게는 나중에 가점을 준다고 해 두었다.

『에너지버스』, 『펄떡이는 물고기처럼』과 같이 우리에게 익숙한 자기계발서 번역을 비롯해 책을 79권이나 발간한 한양대 유영만 교수와 같은 분들은 아예 시험 문제도 학생 스스로 내게 하고, 답안 작성과 채점도 스스로 하게 한다고 한다. 그렇게 해도 충분히 학생들을 평가할 수 있다고 한다. 언뜻 이해가지 않는 측면은 있지만 요지는 질문이다. 질문의 수준을 보면 그 학생의 수준을 알 수 있다는 차원에서 그렇게 하는 것이라 생각된다.

그렇게 한 학기 종강을 하고, 한 학기 동안의 수업 내용에 대한 무기명 피드백을 받은 내용을 살펴보면서 나의 질문 평가 방식에 문제가 있었다는 것을 알게 되었다.

내가 하는 수업은 전 학년, 모든 학과 학생 대상의 교양수업이라 내 과목에 대한 학생들의 예비지식 수준이 천차만별이었다. 그래서 몇몇 학생들은 강의 내용을 쉽게 이해하였지만 몇몇 학생은 내가 아무리 쉽게 설명한다고 해도 이해하기 쉽지 않았던 학생들이 있었는데 그런 학생은 자신은 정말 몰라서 한 쉬운 질문에 대한 나의 경솔한 피드백에 불만을 제기한 것이다.

그런 학생들은 정말 몰라서 아주 기초적인 질문을 했을 수도 있는데, 나는 질문 피드백을 하면서 이런 기초적인 질문을 한 학생도 있다면서 무시하는 듯한 피드백을 했을 뿐 아니라, 피드백할 때마다 학생들의 질문 내용을 보면 그 학생의 수업 집중도를 알 수 있다고 해왔으니 그 학생 입장에서는 그동안 상처를 많이 받았을 것이라고 생각했다.

질문 내용을 가지고 학생들을 평가하려고 했던 시도 자체는 훌륭한 것이긴 했지만, 다른 부작용이 생긴 것이다. 학생 개개인의 사정을 충분히 알지 못했던 것이다.

이렇듯 아무리 옳다고 여기면서 대세라고 생각되는 것이더라도 그것이 적용되는 단계에서는 상황이나 사람의 처한 현실에 따라 이와 같은 문제도 생기고 그것으로 인해 상처를 받는 사람도 생기는 것이다.

소통이 어렵고, 공감하는 소통은 더 어렵다는 것을 다시 한번 깨닫게 된다.

이런 시행착오를 거울삼아 앞으로 더욱 더 체계적인 질문 평가 시스템을 도입해 보려 한다. 질문을 잘하는 것이 학생들의 능력 개발에 도움 되고 수업의 질을 높이기 위해서도 바람직하기 때문이다.

학생이라면 앞서 언급한 것처럼 늘 질문하는 태도를 갖는 것이 좋다. 교수에게는 적극적인 사람으로 비칠 수 있고, 수업 내용을 이해하는 데도 도움 될 뿐 아니라 사고력 훈련에도 도움이 되기 때문이다.

▼ Figure 2 도르시 리드의 '질문의 7가지 힘

[질문의 7가지 힘]
1. 질문을 하면 답이 나온다.
2. 질문은 생각을 자극한다.
3. 질문을 하면 정보를 얻는다.
4. 질문을 하면 통제가 된다.
5. 질문은 마음을 연다.
6. 질문은 귀를 기울이게 한다.
7. 질문에 답하면 스스로 설득이 된다.

상대평가의 아픔

사람을 상대적으로 평가하는 일은 참 어려운 일이다.

회사에서는 물론이고 지금 내가 소속되어 있는 대학에서도 마찬가지다.

요즘은 학교뿐 아니라 회사에서도 인사고과에 대한 재평가를 요청하는 기간을 둔다. 그 기간 동안 자신의 점수가 불합리하다고 판단되면 인사부서에 재평가를 요청할 수 있다. 사전에 자신의 상사와 평가면담을 거쳐 최종적으로 평가를 하지만 결국은 상대평가의 특성상 피평가자 모두를 만족시킬 수는 없기 때문에 종종 그런 일이 일어난다.

학생들의 메일을 확인해 보니 올해는 다행히 한 사람도 이의를 신청한 학생이 없었다.

대학에서 학점 부여를 경험해 본 사람은 알겠지만 평가 대상이 10명 이하가 아니면 강제적으로 배분을 해야 한다. 수강생이 10명 이하면 폐강될 가능성이 높아 그런 경우는 거의 없다고 봐야 한다. 내가 몸담고 있는 학교에서는 A 30%, B 40%까지만 부여할 수 있다. 평가 대상 학생이 50명이라면 A는 15명, B는 20명까지만 부여할 수 있는 것이다. 많은 선생님들은 이의신청 기간을 대비해서 A나 B 평가를 1, 2명 적게 해 두었다가 문제가 생길 것을 대비한다고 한다. 낮은 등급을 받은 학생의 평가가 잘못된 것이 드러나면 위로 올려 주면서 다른 한 학생은 아래 등급으로 내려가야 하는 문제가 생기는 것을 방지하기 위해서다.

나는 그런 위험이 있는데도 불구하고 아직까지는 정해진 등급 인원을 다 채워서 통보했다. 한 명이라도 더 좋은 평가를 줘야 하겠다는 생각에서다. 지금까지는 다행히도 이의 신청으로 인한 그런 문제는 발생하지 않았었다. 앞으로 어떤 문제가 발생할는지 모르지만 이런 문제도 한 번의 평가로 마지막에 결과를 통보하기보다는 평소 얼마나 소통하느냐에 따라 달라질 수 있다고 생각한다.

지난 학기 동안은 학교 공식 사이트뿐 아니라 학생들 단톡방을 이용해서 매주 출석 점수를 통보했다. 무단결석 -2점, 사전에 공감한 결석인 경우(동아리 활동, 결석계 내지 않은 결석 등) -1점, 지각은 -0.2점, 출석 후 이석은 시간당 -0.3점, 수업 휴식 후 정시에 착석하지 않은 학생 -0.1점 등으로 해서 매주 수업을 마치자마자 집계해서 확인하도록 했다.

그리고 수업 시간 후 질문 점수와 토론 점수를 정리해서 마찬가지로 매주 통보해서 확인하도록 했다. 또한, 중간고사와 기말고사를 본 뒤에는 시험 후 바로 모범답안을 단톡방에 올려 두고 스스로 점수를 매겨 보도록 했으며 하루 이틀 뒤에는 문항별 채점 점수를 알려주고 이의 신청을 받았다.

이렇게 한 뒤, 기말에는 출석+퀴즈+과제+프레젠테이션+중간고사+기말고사의 점수를 합산하고 반 평균점수와 함께 자신이 취득한 점수를 알려줬다. 그리고 학생이 생각하기에 이상한 부분이 있으면 알려 달라고 했다.

무엇보다 학기 초 3~4주 뒤부터는 학생들 이름을 외워서 출석을 확인했다. 그래서 개개인 별로 커뮤니케이션 하려고 노력했다. 과제가 오지 않거나 무단결석을 하는 학생들에게는 문자를 보내서 독려했다.

이렇게 학기 내내 적극적인 소통을 해서인지 지금까지 이의 신청으로 인해 문제가 된 경우는 없었다. 학점이 중요하기는 하지만 어떤 학생의 경우는 수업 내용 그 자체보다는 학점을 따기 위해 수업을 듣는다는 느낌이 들 정도로 학점에 집착하는 학생들이 있기 때문에 원칙을 어기거나 세심한 처리를 하지 않았다가는 반드시 문제가 발생하기 마련이다.

학생들이 받은 점수를 가지고 A, B, C를 부여할 때는 늘 고민이 된다. 왜냐하면 A와 B, B와 C의 경계에 있는 학생들 때문이다. 0.1~-0.2점 차이로 많은 학생들의 운명이 갈려 있기 때문이다. 그리고 또 고민이 될 때는 열심히 한 학생이나 재수강한 학생의 성적이 낮게 나왔을 때다. 0.1~-0.2점 차인 경우에는 교수평가 10점을 어떻게 부여해 주느냐, 주관식 평가 점수를 어떤 관점에서 채점하느냐에 따라 학생들의 등급이 달라질 수 있기 때문에 더욱 조심스러울 수밖에 없다. 이럴 때는 학생 이름과 얼굴을 미리 아는 게 불편할 때도 있다. 냉정하게 처리하는 것이 쉽지 않기 때문이다.

그래서 점수 집계 과정과 산정 과정에서 문제가 없는 것을 한 번 더 확인하고는 냉정하게 원래 받은 점수대로 처리를 해야 한다. 약간의 점수 조정은 다른 부작용을 불러일으키기 때문이다. 그리고 정말 열심히 했지만 낮은 평가가 나온 학생과 같은 경우에는 문자로 미리 평가결과를 알려주고 양해를 구했다.

새롭게 임명된 교육부총리는 앞으로 절대평가를 도입하겠다고 한다. 절대평가에도 장단점이 있고 부작용도 예상되지만 환영할 만한 일이라고 생각한다. 백인백색의 사람을 단편적인 암기력에 주로 의존하는 평가 방식으로 등급화하는 것은 아무래도 한계가 있다. 앞으로 사람의 다양성을 인정하는 만큼 그 평가는 더욱 어려워질 것이다. 힘들지만 사람들의 다양성을 인정하는 방향으로 평가가 이루어져야 하고 그래서 더욱더 절대평가 방식이 도입되는 것이 맞다고 본다.

상대평가든 절대평가든 모두 문제가 있을 것이지만 평소 소통한 만큼 그 부작용을 줄일 수 있는 것 같다.

이상은 상대평가 시스템하에서 교수들이 학점을 부여하면서 느끼는 고충을 적었지만, 학생의 입장에서 보면 조금이라도 나은 학점을 받기 위해 어떤 태도를 가져야 할지에 대한 방법을 엿볼 수 있다.

기본은 출석 점수가 깎이지 않도록 최선을 다해 교수와 교감해야 한다. 가능하면 공가 인정을 받도록 하고 그렇지 않으면 합리적인 결석 이유를 어필해서 감점이 최소화되도록 해야 한다. 출석 점수 1, 2점은 위에서 보듯 최종평가에서 A, B를 가르게 되는 큰 점수다. 왜냐하면, 성적이 높은 학생들의 경우 시험 점수에서 1, 2점 차이를 내기가 쉽지 않기 때문이다.

그리고 교수의 재량에서 평가되는 점수에서 감점이 되지 않도록 해야 한다. 그렇게 하기 위해서는 앞서 '교수와 친해지자'에서 얘기했듯이 교수와 꾸준한 소통이 필요하다.

핵심이 뭐야?

기업에서 며칠씩 고민하여 만든 두꺼운 보고서에 오탈자는 없는지 여러 번 들여다보고 예쁘게 출력하여 상사에게 보고하면 흔히 듣게 되는 소리……:

"요점이 뭐지?", "결론이 뭐냐?", "그래서 뭘 하자는 얘기지?"

그렇다. 기업에서는 아무리 두꺼운 보고서라 하더라도 맨 위에 있는 Executive Summary라고 하는 첫 장에 핵심 내용이 다 들어 있어야 할 뿐 아니라, 또 위와 같은 질문이 나올 것을 대비해 머릿속에 답변 준비가 되어 있어야 한다.

몇 날 며칠 밤을 새워 보고서를 만든 사람의 입장에서는 억울할 수도 있겠으나, 두꺼운 보고서에는 눈길도 주지 않는다. 일단, 위의 질문에 제대로 된 답변이 나오지 않거나 한 장으로 된 보고서가 윗사람들의 흥미를 끌지 못하면 그다음 보고서 내용은 아무짝에 쓸모없는 종이 뭉치에 불과하게 된다.

"좋아하면 판단하지 않는다."

'장정빈의 병영칼럼'에서 훌륭한 리더나 영업의 달인이 되려면 상대의

호감을 얻는 데 집중하는 것이 무엇보다 중요하다는 의미로 한 말이다. 그렇다. 기업에서도 자신이 신뢰하는 부하가 가져오는 문서는 판단하지 않는다. 자신이 신뢰하는 직원이 보고서를 가져올 때 하는 몇 마디 말은, "문제없지? 이대로 하면 되는 거지?" 정도다. 그러고는 문서는 대충 보고, 대신 요즘 어떻게 지내냐는 안부 말과 함께 서명을 한다.

학교에서 논술형 중간고사 시험 채점을 하면서도 비슷한 점을 느끼게 된다.

지금까지 나는 중간고사 문제를 논술형으로 출제해 왔다. 객관식으로 출제를 하면 문제를 구성하기는 힘들어도 채점도 쉽고 채점 결과에 대한 학생들의 이의를 원천 차단할 수 있으므로 객관식 출제를 선호하는 교수들도 있다. 하지만 나는 학생들의 생각을 객관화할 정도로 문제를 낼 자신도 없거니와, 산업화 시대를 거치면서 대량 생산 시스템에 적합한 인력 선발 잣대로 발달해 온 미국의 객관식 출제 방식이 마음에 들지 않는 부분도 있어 여전히 주관식을 고집하고 있다.

주관식 문제의 채점은 채점의 형평성 문제가 생길 수 있어 가능하면 1번 문항을 모두 채점하고 다시 2번 문항을 채점하는 식으로 같은 기준을 적용하려고 노력할 뿐 아니라, 채점 기준을 미리 설정한 뒤 학생들에게도 오픈하고 시작한다. 문항별 점수를 얻기 위해서는 핵심 단어와 핵심 논점이 들어가야 하는데 아예 틀린 답을 쓴 학생의 경우는 고민할 게 없으나, 어떤 학생은 핵심 주위를 맴돌면서 두루뭉술하게 서술했거나 비슷한 개념을 적은 학생들에게는 아무래도 나의 주관이 반영된 채점을 배제하기 어렵다.

답에서 원하는 용어는 아니지만 유사한 용어를 사용하거나 서술의 앞부분은 맞지만 추가적으로 더 적은 글에서 틀리게 기술한 학생의 답안을 만날 때는 점수를 줄 수도 있고 그렇지 않을 수도 있다. 이런 경우는 대체로 그 학생의 평소 수업 태도에 의해 결정된다는 것을 알게 된다. 평소 수업에 빠지지 않고 앞자리에 앉아서 열심히 호응을 한 학생은 우호적인 잣대로 평가하지만, 요령을 피우고 수업도 게을리 하는 학생의 경우에는 엄격한 잣대를 들이대는 것이다.

직장과 마찬가지다. 심하게 말하면, 신뢰하거나 좋아하는 학생의 답안은 '판단'하려 하지 않는 것이다. 사람 사는 세계의 원리는 비슷한 것이다. 그래서 평소 태도로 신뢰가 형성되어 있는 것이 중요하다.

이러한 태도의 문제를 넘어 답안 작성에는 기본적인 몇 가지 요령이 있다. 모든 문항에는 그 문항이 요구하는 핵심 단어가 있다. 그 단어를 먼저 적어 두고 문장을 구성해야 핵심개념을 빠트리지 않고 간결하게 답안을 적을 수 있다. 그렇지 않고 다짜고짜 답안 작성부터 시작해서 두루뭉술하게 많이 적는 것은 답을 모른다는 다른 표현이 될 뿐이다. 그렇게 해서 노력점수를 받는 데는 도움이 될지 모르지만, 채점자의 심기를 불편하게 만들어 감점을 맞을 각오도 해야 한다.

시험 답안을 비롯해 모든 글은 쉽게 써야 한다. 전문가들끼리의 소통이 아니라면 굳이 어려운 용어를 사용할 필요가 없다. 말도 그렇고 글도 그렇고 쉬운 단어를 사용하고, 그 글을 읽는 상대 입장에서 써야 한다. 쓸데없이 정확히 모르는 한자를 사용하여 무식을 폭로하는 일도 없도록 해야 한다. 예를 들면, 그냥 '기획안'이라 하면 될 것을 굳이 '기획

(安)'이라고 하여 바보가 될 필요가 없다.

그리고 기본적인 맞춤법이 틀려서는 곤란하다. 맞춤법 퀴즈에나 나올 법한 애매한 띄어쓰기나 아주 어려운 단어인 경우는 국문학과를 나오지 않는 한 제대로 적용하기 힘들겠지만, 자주 쓰이는 기본적인 단어에 해당하는 '역할'을 '역활'로 오용하거나, '결재'와 '결제' 구분과 같은 것을 틀리게 되면 기본적인 소양을 의심받는다. 회사에서 몇 번 이런 일이 생기게 되면 그 직원을 신뢰하기 힘들게 된다.

또한, 문장은 단문이 좋다. 나도 초창기에 글쓰기가 익숙지 않을 때는 글을 길게 써야 멋있어 보이고 글을 잘 쓰는 것이라고 생각한 적이 있었다. 비즈니스 글쓰기나 학교에서 답안을 작성하는 글은 소설이나 수필과 같은 문학적인 글을 쓰는 것이 아니기 때문에 의미 전달이 핵심이다. 그런데 글이 길어져 복문, 중문이 되면 주어와 술어가 틀리기도 하고 글을 읽는 사람 입장에서도 내용의 주어를 놓쳐버려 전체적인 의미 파악을 힘들게 한다. 가능하면 단문으로 여러 번 작성하는 것이 좋다.

그리고 보고서나 답안 내용은 개조식으로 작성하는 것이 좋다. 개조식이란 서술식의 반대어로 내용을 풀어서 길게 쓰지 않고 핵심 요소만 간추려서 항목별로 나열하는 형태를 말한다. 예를 들면 이런 식이다. 앞에서 언급한 글 쓰는 방법을 개조식으로 표현해 보면 다음과 같다.

읽는 대상 관점에서 작성한다.
단문으로 작성한다.
개조식으로 작성한다.

쉬운 용어를 사용하고 불필요한 한자를 쓰지 않는다.

쉬운 맞춤법은 틀리지 않도록 유의한다.

답안이나 문장을 작성할 때에는 서로 중복되거나 빠트리는 내용이 없어야 한다. 가령 "동물은 포유류와 파충류, 조류로 구성되어 있다."라고 했다면 이 말에는 중복되지는 않았지만 양서류를 빠뜨린 문장으로 틀린 문장이 된다. 그리고 "사람에는 남성과 여성 그리고 직장인이 있다."란 문장이 있다면 여기서는 빠뜨린 것은 없지만 직장인 속에는 남성 직장인과 여성 직장인이 중복되어 있으므로 잘못된 표현이 되는 것이다. 이렇게 중복하지 말고 누락하지 말자는 원칙을 MECE(Mutually Exclusive Collectively Exhaustive)원칙이라고 한다.

그리고 그룹화를 잘해야 한다. 어떤 제품의 장점을 10가지를 나열해 두었다고 생각해 보자. 그러면 언뜻 보기에도 복잡하게 보이고 기억하기도 쉽지 않을 것이다. 10가지를 그룹화하고 3~4가지 정도 단위로 묶어서 정리해야 이해하기가 쉽다. 예를 들어 이 제품의 장점 10가지를 세 가지 관점, 즉 경제적 관점과 사용 용도 관점, 그리고 디자인 관점 등으로 분류해 10가지를 배치하게 되면 기억하기 쉬워진다. 이처럼 가짓수가 많은 경우에는 그룹화를 잘해서 표현해야 본인이 기억하기도 좋고 상대에게 어필하기도 좋다.

보고서나 대중에게 쓰는 글이라면 제목도 중요하다. 제목에는 그 보고서의 목적과 내용의 범위가 함축적으로 담겨 있어야 제목만 보고서도 무슨 내용인지 알게 된다. 독자를 대상으로 쓰는 글이라면, 제목에서 독자의 관심을 끌지 못하는 글은 대중에게 읽힐 수 없다. 제목은 글 내용을 나타내는 얼굴이기 때문이다. 그래서 제목을 잘 지어야 한다.

　다시 정리하면, 제목을 보고 그다음 내용이 궁금해야 하며, 그다음 요약된 내용을 보고 보고서 내용이 궁금해야 자신이 고생해서 만든 보고서나 문서가 독자(교수)에게 읽히는 것이다. 보고서의 큰 제목부터 중간중간을 차지하는 중소 제목들은 집으로 보면 기둥이나 골격의 역할을 하므로 잘 구성된 제목들로 채워져야 한다. 그렇지 않으면 집이 무너지듯 보고서나 문서도 무너질 뿐 아니라, 무엇보다 독자(교수)에게 읽히지 않게 된다.

　어쨌든, 학교 시험에서는 평소 수업 태도도 중요하지만 기본적으로 위에서 언급한 답안이나 문서 작성 요령을 잘 알아야 좋은 점수를 받을 수 있다.

잠자는 학생과 프레젠테이션

새로운 강의를 맡은 지 3주째인데 여전히 수업 중에 잠자는 학생들이 있다.

잠자는 학생을 발견해도 처음 강의를 시작했을 때보다는 덜하지만, 여전히 마음에 상처가 된다. 그러나 이건 어디까지나 내가 자초한 부분이기도 하다.

처음 강의를 하는 날, 나는 학생들이 수업 시간에 졸거나 자는 것의 책임은 전적으로 그 날 수업을 준비한 교수 책임이니 부담 갖지 말고 잠자라고 했기 때문이다. 오죽 나의 수업을 공감하지 못했으면 잠을 잘까 하는 차원에서 그렇게 했는데 수업을 진행하면서 조금 생각이 달라졌다. 왜냐하면 수업을 시작하기도 전에 잠을 청하는 친구들도 제법 눈에 띄었기 때문이다.

대중 앞에 선다는 것은 언제나 쉽지 않다. 학생 앞이라 하더라도 마찬가지다.

그래서 전에 했던 수업이라 하더라도 여러 번 점검을 하고 학생들 앞에 선다. 수업을 듣는 학생이 30명이라면 나에게는 2시간이지만 그들의 60시간에 해당하기 때문이다.

강의를 포함해 보고나 설명, 설득을 위해 실시되는 프레젠테이션의 가장 핵심은 듣는 사람인 청중을 잘 이해하는 일이다. 듣는 사람이 누구냐에 따라서 콘텐츠의 내용과 전달하는 방법이 완전히 달라질 수 있다. 같은 메시지를 전달한다 하더라도 청중이 대학생이냐 공무원이냐 아니면 중고등학생이냐에 따라 달라질 수밖에 없는 것이다.

내가 지금까지 강의를 하면서 가장 실패한 강의는 중학교 2학년 대상이었다. 사전에 중2 담임을 하고 있는 친구에게 그들의 관심사와 강의 방법에 대해 묻고 인터넷을 뒤져서 나름대로 준비를 한다고 했으나 결과는 참담할 정도였다. 학생들의 절반이 취침하는 상태에서 겨우 강의를 마칠 수 있었다. 전형적으로 청중 이해에 실패한 경우다.

나는 새로 맡은 학생들의 수준이며, 마음 상태를 아직도 제대로 파악하지 못하고 있는 것이다. 그래서 수업 준비는 물론 수업에 임할 때마다 바짝 긴장을 한다. 결과적으로 나는 수업 시작한 지 3주째가 되었는데도 아직 학생과의 교감을 제대로 못하고 있는 셈이다. 주위 동료 교수님들은 1학년 수업이 원래 그렇다며 고등학교 4학년으로 생각하고 상처받지 말라고 하지만 위안이 되지 않는다.

앞으로 수업 중에 사용되는 프레젠테이션 자료의 글자 수를 더 줄이고 심플하게 만들어 강사에 대한 집중도를 더 높여 볼 생각이다. 그리고 영상 자료를 더 보충하여 학생들의 수업 참여를 더 유도해 볼 생각이다.

알다시피 마이크로소프트사가 제공하는 파워포인트는 메시지를 전달하는 '도구'에 해당한다. 그러나 곧잘 주객이 전도되어 도구가 주가 되고 전달자는 객이 되는 경우를 보게 된다. 이렇게 되면 청중들은 금세 잠에 빠질 수밖에 없다.

"잡스는 프레젠테이션이 곧 스토리를 전하는 것이라 생각했다. 그는 훌륭한 이야기꾼이었다(CNBC, 2017.9.12)."

프레젠테이션은 발표가 되어서는 안 된다는 얘기가 있다. 프레젠테이션이란 단어를 찾아보면 '발표'라고 되어 있는데 발표가 아니라니 의아할 것이다. 프레젠테이션이 발표가 아니라 '이야기'여야 한다고 한다. 프레젠테이션이 발표일 때는 파워포인트가 주가 되지만, 이야기일 때는 전달자가 주가 된다는 의미다.

프레젠테이션의 교과서로 불리는 스티브잡스의 프레젠테이션에서 이를 쉽게 확인할 수 있다. 스티브잡스의 프레젠테이션에서 파워포인트는 그야말로 화자를 위한 '도구'가 된다. 스티브잡스라는 화자를 빛내 주는 조연 역할을 하는 것이다. 그의 파워포인트에는 상징적인 그림 한두 점과 글자나 숫자 한두 개밖에 없다. 그 화면은 화자인 스티브잡스의 이야기를 도와주는 역할만 하는 것이다.

▼　Figure 3 스티브잡스 프레젠테이션 모습

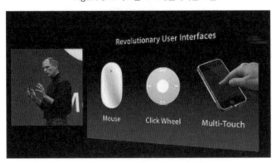

학교 수업에 사용되는 파워포인트 슬라이드 자료를 이렇게까지 만들 수는 없겠지만 파워포인트를 제작하면서 느낀 점은 깊이 생각하여 내용을 숙지하면 숙지할수록 글자는 줄일 수 있고 상징적인 그림으로 바꿀 수 있다는 점이다. 슬라이드에 글자가 많다는 것은 그만큼 준비가 덜 되었다는 증거이기도 하다. 그리고 그 늘어나는 글자 수만큼 청중들의 시선을 화면에 빼앗긴다는 의미이기도 하다(교과서적으로는 청중의 시선을 화면에 3, 강사에게 7의 비중으로 준비하라고 한다).

그리고 수업 시간에 너무 많은 메시지를 준비하지 않을 생각이다. 그것은 내 욕심일 뿐 아니라 정보의 나열은 효과적인 정보 전달 원칙에도 어긋난다. 그날 전달하고 싶은 메시지를 프레젠테이션에서 얘기하는 마법의 숫자인 3가지를 넘지 않아야 하겠다는 생각이다.

프레젠테이션에서는 3가지 메시지를 넘지 말라고 한다. 3이란 숫자는 마법의 숫자다. 옛날이야기의 전개가 그렇고 과거·현재·미래, 가위바위보와 같이 3가지로 구성되어 있는 것이 많고, 중국에서는 3을 완성의 숫자로 볼 정도로 기억하기 가장 좋은 개수가 3이다. 프레젠테이션에서 강조하는 것이 3가지를 넘으면 부담스럽다. 사실 어떤 훌륭한 강의를 들어도 남는 것은 그리 많지 않다는 것을 알 수 있다. 강의를 들을 때는 하나라도 놓치지 않겠다는 마음으로 중요한 장면마다 휴대폰으로 찍어 두기도 하지만 다시 보는 경우는 거의 없다. 그날 머리에 남은 몇 가지, 3가지 정도의 메시지만 남는다. 강의를 통해 전달하는 메시지도 그 정도를 넘지 말아야 효과적인 전달이 될 것이다.

무엇보다 수업 전 준비를 더 할 생각이다.

젊은 학생들을 위한 유머도 준비하고, 그들의 음악도 준비해 보고 그들의 관심사도 더 공부를 해야겠다. 스티브잡스도 프레젠테이션을 하기 전에 손동작, 얼굴 각도까지 점검하고 조명의 색이나 배경 음악까지도 챙겼다고 한다. 그러고는 연습에 연습을 해서 그의 프레젠테이션이 완성되었다고 한다.

프레젠테이션의 3요소는 3P, 즉 목적(purpose), 청중(people), 환경(place)이다.

매주 진행되는 수업에서 프레젠테이션의 '목적'과 '환경'은 이미 정해져 있어 금방 정리가 된다. 그러나 지금 내가 수업을 통해 만나는 '사람'에 대한 이해는 하루아침에 되는 일이 아니다. 그래서 더 많은 시간이 필요하다. 프레젠테이션에서 청중에 대한 이해과 교감, 이보다 더 중요한 것은 없다고 생각한다.

학생들의 수업 집중도를 높이기 위해 제시한 몇 가지 프레젠테이션 방법은 결국 우리 학생들이 앞으로 교수나 학생들 앞에서 프레젠테이션 할 때 숙지하고 실천해야 할 사항이다.

프레젠테이션은 학교에서 뿐 아니라 앞으로 사회생활을 하는 동안 수시로 필요한 중요한 커뮤니케이션 수단이 될 것이다.

'나는 누군가?'

나를 아는 일, 생각만큼 쉽지 않습니다.
진로탐색은 내가 나를 아는 것부터 시작합니다.

- 좋아하는 것과 잘하는 것은?
- 나의 성격과 강약점은?
- 일하는 목적은?
- 나의 가치관은?
- 자존감은 든든한지?
- 꿈과 비전은 있는지?

좋아하는 것과 잘하는 것

바람직한 진로 방향은 좋아하는 것을 택하는 것일까? 아니면 잘하는 것을 택하는 것일까?

너무 뻔한 얘기지만 정답은 좋아하면서 잘하는 것을 택하는 것이다. 하지만 이렇게 쉽게 자신이 좋아하면서도 잘하는 것을 찾을 수 있으면 얼마나 좋을까?

나는 지금까지 해 온 일도 그렇고 지금 하고 있는 일도 내가 좋아하고 잘하는 일인지 잘 모르겠다. 아직도 막연하게 더 좋아하고 더 잘할 수 있는 일이 있을 것이란 생각은 든다. 이처럼 자신이 좋아하고 잘하는 일을 찾는 일은 쉽지 않은 일인 것 같다.

나처럼 현재 장년의 나이에 있는 사람들의 경우 대체로 사회적인 분위기에 편승하거나 자신 주위에 나타나는 혹은 맡겨지는 일을 하다 보니 현재의 일로 굳어진 경우가 많을 것이라 생각한다. 개중에는 좀 더 편한 일을 혹은 좀 더 수입이 높은 일을 찾아 조직을 떠나는 사람은 보았지만 그 사람들이 더 좋아하고 더 잘하는 일을 찾아서 떠나는 사람은 드물었던 것 같다.

요즘 학생들에게는 초등학교에서부터 잘하는 것을 찾기 위한 검사를 계속 해 왔기 때문에 우리 때보다는 상대적으로 자신이 좋아하고 잘하는 것을 찾기가 쉬워지긴 했다지만 여전히 쉽지 않은 영역인 것 같다.

어떤 진로 전문가는 수년 동안 이 분야의 일을 하면서 수많은 검사를 해왔지만 자신의 흥미와 적성에 딱 맞는 직업을 찾아주는 검사는 아직 보지 못했다고 한다. 그 말이 맞을 것이다. 그 만큼 사람은 신비한 존재다. 사람이란 존재가 검사지 하나로 파악될 존재가 아니란 뜻이다.

좋아하는 일을 흥미라고 한다. 그리고 잘하는 일은 자신이 가진 재능이나 능력을 말하고 그 두 가지 즉 좋아하는 일과 잘하는 일의 교집합에 해당하는 것이 적성이다. 따라서 적성에 맞는 일을 찾아야 바람직한 진로로 나가는 셈이 된다.

여기서 끝나는 것이 아니다. 이렇게 해서 찾아진 적성이 자신의 가치관과 성격에 맞아야 한다. 자신의 흥미, 능력, 가치관, 성격까지 맞는 일을 찾는 여정이 쉬울 리 없다.

그리고 이런 흥미, 적성, 가치관, 성격은 자신이 자라는 동안 둘러싼 환경과 경험, 학습 정도에 따라 달라지기 때문에 꾸준히 진로를 탐색해야 한다. 이러니 진로를 찾는 일이 단순히 좋아하는 일과 잘하는 일의 문제가 아닌 것이다.

그래서 흥미, 적성, 가치관, 성격, 환경, 경험, 학습까지 이 모든 것을 통틀어 종합적인 판단을 해서 자신의 진로를 찾아야 하겠지만 우선은 '좋아하면서 잘하는 일'을 찾으면 일차적인 진로 방향을 정할 수 있다고 하겠다.

이런 일을 어떻게 찾아야 할까? 개발되어 있는 각종 검사를 해보면 정답이 나올까?

앞서 말한 것처럼 정답을 찾아주는 검사는 없지만 마음만 먹으면 이런 검사를 통해 정답으로 가는 길을 찾는 데 도움을 받을 수는 있다. 학교에서는 물론이고 정부가 운영하는 워크넷에서도 손쉽게 무료로 이런 검사를 진행할 수 있다. 특히 대부분 학교에서는 학생들의 진로 탐색을 위한 각종 검사를 무료로 진행하고 있을 뿐 아니라 장학금과도 연계하여 학생들의 참여를 권장하고 있다.

우선은 이런 검사를 통해 자신을 파악하는 것이 중요하다. 그렇게 해서 나온 결과를 토대로 조금씩 그 결과에서 나온 진로 방향을 탐색해 보면서 자신의 진로를 좁혀가야 한다.

대학생들의 특권 중 하나는 자신 앞에 펼쳐진 다양한 세계를 쉽게 경험해 볼 수 있다는 것이다. 조금씩 그 세계를 경험해 보면서 그 방향을 좁혀 나가면 자신에게 맞는 그 세계가 보이기 시작할 것이다.

세상에 자신이 100%로 만족하는 일이란 존재하지 않는다고 보면 맞다. 100% 만족하는 일을 찾기보다는 어느 정도 맞는 일이라고 생각되면 자신이 가진 100%의 열정을 투입해서 노력해 보는 것이 바른 방향이다. 그렇게 해서도 맞지 않을 때 새로운 일을 찾아봐야 한다.

"행복의 비밀은 자신이 좋아하는 일을 하는 것이 아니라 자신이 하는 일을 좋아하는 것이다."

- 앤드류 매튜스 -

나는 누군가?

이 말은 생각보다 좋아하면서도 잘하는 일을 찾기가 쉽지 않음을 의미한다. 그래서 어느 정도 좋아하는 일이면 최선을 다해서 그 일을 해볼 필요가 있고 그 과정에서 그 일이 좋아하면서도 잘하는 일이 되기도 하는 것이다.

세상에 좋아하면서도 잘하는 일을 하는 사람은 얼마나 될까? 어떤 성공한 이들은 젊을 때는 좋아하는 것과 잘하는 것을 7:3으로 해서 일을 찾고, 나이가 들어서는 그 반대로 잘하는 것을 7, 좋아하는 부분을 3으로 해서 일을 찾는 것이 맞다고 한다. 그럴듯해 보이지만 마음처럼 되는 일은 아니다.

분명한 것은 좋아하는 일을 해야 잘할 가능성이 높고, 잘하는 일을 해야 좋아질 가능성도 높아진다는 점이다. 그래서 둘 중 하나라도 일치한다면 시작해 보는 것이 맞다고 본다.

IQ 만능시대가 저무는가?

우리 사회뿐 아니라 전통적으로 머리가 좋은 사람은 상대적으로 지배적인 위치에서 더 나은 삶을 살 수 있었다. 인간이 인간과 가장 유사한 동물인 침팬지와 구분되는 특징 중 하나도 지능지수가 더 높기 때문일 것이다. 그래서 지능이 가장 높은 인간이 세상을 지배하고 있다고 해도 과언이 아닐 것이다.

그래서인지 지능지수는 태어나면서부터 죽을 때까지 우리 삶에 큰 영향을 미치고 있고, 지금까지 살아온 나의 삶에도 지대한 영향을 미쳤을 것이다. 또한, 현재 나의 이미지를 형성하는 데도 큰 역할을 했다고 본다. 지능지수로 사람의 전체가 평가되는 경향이 있기 때문이다.

'지능지수'

사람이 살아가는 데 정말 중요한 지표 중 하나임에 틀림없다. 그래서 지능지수가 높게 태어난 사람은 그렇지 않는 사람의 부러움을 살 만하다. 특히 과거에는 암기력이 중요한 시대에 살았기 때문에 지능지수가 높은 사람은 상대적으로 높은 암기력으로 좋은 학교에 갈 수 있었고, 좋은 직장으로 연결되기에도 유리했다고 볼 수 있다.

나는 중고등학교나 대학 시절에 '머리가 좀 더 좋았으면…….' 하고 상상할 때가 제법 있었다. 늘 놀기만 하는 것 같은데도 좋은 성적을 받는 학생들이 부러웠기 때문이다. 상대적으로 나는 내 기대에 못 미치는 지능 수준 때문에 다른 사람보다 더 많은 시간을 투자하고 더 노력을 해야 했다.

그런데 지능지수는 부모로부터 받은 것이라 달리 높일 방법이 없다. 지능을 높인다는 교재나 약도 나오고 있지만 한계가 있다. 이렇게 천부적으로 정해진 지능지수가 높지 않다고 원망하거나 불평한다고 지능지수가 달라질 수는 없는 것이다. 그냥 부모로부터 주어진 그 지능지수를 안고 살아가야 한다.

일본 경영의 신이라 일컬어지며 570개 기업 13만 명의 종업원을 둔 기업 총수였던 마스시타 고노스케는 자신의 성공 비결을 묻는 질문에 자신은 세 가지 하나님 은혜를 갖고 태어났기 때문이라 했다고 한다. 그 세 가지는 가난, 무지, 허약이다.

상식적으로 생각하면 이 세 가지는 하나님의 은혜가 아니라 저주여야 할 것 같다. 그러나 그는 가난했기 때문에 부지런히 일하지 않고서는 안 된다는 진리를 깨닫게 되었고, 초등학교 4학년 중퇴를 했기 때문에 주위 사람들을 스승으로 생각하여 배울 수 있었고, 약하게 태어났기 때문에 건강의 소중함을 알아서 90대에도 냉수마찰을 할 정도로 건강하게 지낼 수 있었다고 한다.

그렇게 보면 나도 그리 좋지 않은 머리로 태어났기 때문에 그것을 보완할 수 있는 대안을 마련하면서 살아온 게 아닌가 싶다. 영어 단어 암기를 할 때도 기억력의 소멸 기간을 고려하여 단어를 암기한 다음 날, 3

일 뒤, 5일 뒤, 10일 뒤 주머니를 만들어 단계적으로 암기를 해서 기억력을 보완했고, 다른 사람보다 메모를 열심히 하는 습관을 빨리 기를 수 있었던 것이 글 쓰는 습관으로 연결된 것이 아닌가 생각하게 된다.

이렇게 지능을 보완하며 살아오고 있지만, 지능지수와도 연결되는 학교 수준이나 학력에 대한 열등감에서는 쉽사리 벗어나기 어려웠다. 이것은 특별히 지능과 학력, 학벌을 중요시하는 우리 사회 분위기와도 무관하지 않다. 지능지수와 연결되는 학력, 학벌 중심사회가 나의 열등감과 자존감까지도 영향을 주었다고 생각한다.

> 우리 아이는 머리는 괜찮은데 공부를 안 해서······.
> 우리 동생은 공부를 잘하지만, 나는 공부를 안 해서······.
> 우리 친척 중에 누구는 머리가 좋아서 유명한 외국대학에 다니고 있어······
> 등등.

어떤 식으로든 조금만 연결되면 자신도 그 유전자의 일부라는 걸 어필함으로써 자신이 머리가 나빠서 현재 위치에 있는 게 아니란 걸 강조하고, 자신의 자존감 회복을 하려 애쓰는 사회가 우리 사회의 현재 모습이라 생각한다. 사실은 그런 행동이 바로 자존감이 낮은 대표적인 유형으로 그렇게 말함으로써 스스로 위안하려 하는 것이다.

이처럼 지능지수가 높으면 다른 사회적 성공과도 절대적으로 연결되던 것이 다양성이 존중되고 그 다양성이 경쟁력이 되는 시대로 접어들면서 점차 새로운 생각이 자리 잡고 있다.

심리학자 가드너 교수는 IQ 검사는 지능에 대한 고전적 관점을 반영하는 지수로서 수학자에게서 나타나는 논리적 추론능력에 불과하며 그 외에도 인간에게는 다양한 다중지능이 있다고 한다.

가드너에 의하면 인간은 지능지수(IQ) 이외에도 여덟 가지의 복합적인 지능 즉, 언어지능, 음악지능, 논리수학지능, 공간지능, 신체운동지능, 인간친화지능, 자기성찰지능, 자연친화 지능을 가지고 있다는 것이다. 인간은 정도의 차이는 있지만 이 모든 지능을 가지고 있으며 누구나 몇 가지 지능은 특히 잘 구사할 수 있다고 한다. IQ는 논리수학지능에 직결되는 지능일 뿐 나머지 다양한 지능지수를 반영하지 못하고 있다는 것이다.

▼ Figure 4 가드너의 다중지능

가드너가 말한 여러 가지 지능 중 몇 가지 강점 지능만 잘 발휘해도 성공적인 삶을 살 수 있으며, 우리 주위에 각 분야에 성공한 사람을 보더라도 한두 가지는 뛰어나지만 다른 지능에서는 취약점을 나타내는

것을 볼 수 있다. 가령, 윤하와 같은 가수는 음악지능은 뛰어나지만 한 번 간 곳을 제대로 못 찾는 공간지능은 낮다고 하고, 패션디자이너 이상봉은 공간지능은 뛰어나지만 논리수학지능은 떨어진다고 하고, 발레리나 박세은은 운동지능은 뛰어나나 어릴 때부터 순서를 외우는 일은 힘들었다고 한다.

또 어떤 사람은 꽃이나 풀, 돌과 같은 자연물을 잘 식별하는 사람이 있는가 하면(자연친화지능), 자기 자신의 감정과 구별하는 것을 핵심으로 하여 자신의 능력을 인정하고 자신과 관련된 문제를 잘 풀어내는 능력(자기성찰지능)이 탁월한 사람도 있다.

이와 같이 누구나 8가지 다중지능을 가지며 그중에서 높은 부분도 있고 낮은 부분도 있지만, 성공하는 사람들은 자신이 높은 다중지능, 즉 강점을 잘 개발함으로써 성공에 이르게 된다는 것이다.

나는 누군가?

과거 내가 공부할 때를 돌이켜 직업을 생각해 보면 지능지수가 중요한 역할을 할 수밖에 없었겠다는 생각이 든다. 우리들이 대학 공부를 할 때만 하더라도 직업이라 할 만한 것이 공무원, 교사, 회사원, 의사, 변호사, 군인 정도였기 때문에 대부분 직업은 지능지수와 직결되는 직업이었던 것이다.

알다시피 지금은 과거의 직업 개념과는 완전히 다른 시대에 산다. 직업 종류도 12,000가지에 이른다. 과거에는 생각지도 못한 직업으로 사회 유명인사가 되는 세상이 되었다. 요리, 연예인, 여행 작가, 스포츠인 등 다방면에서 성공한 사람들이 자리를 잡으면서 다중지능의 중요성에 대한 생각을 확신하게 된다.

이제는 나의 다중지능 중 정말 높은 것이 무엇인지 알아내어 그 부분을 중점적으로 개발해야 한다. 또한 지능지수는 높지만 다른 다중지능이 낮은 친구들과 나는 다른 사람일 뿐이라는 생각으로 자존감을 잃지 않고 주인공의 삶을 산다면 성공적인 삶으로 연결될 것이다.

강점이 있는지?

    현대경영학의 아버지라 일컬어지는 피터 드러커는 "사람은 오직 자신의 강점만으로 성과를 올릴 수 있다."고 했다.

    피터 드러커의 말을 빌리지 않더라도 자신감을 가지고 살기 위해서 강점 중심의 삶이 필요하다는 얘기는 많이 들었을 것이다. 그런데 나의 강점이 뭔지 잘 모르는 게 문제다. 나의 장점 또는 강점이 무엇인지 아는 것이 생각만큼 쉽지 않다. 그래서 강점을 발견하거나 알고 있는 강점을 확인하기 위해서도 노력을 해야 한다.

    기업에도 그 기업만의 장단점이 있다. 기업이 이용할 수 있는 자원이 무한하다면 강점뿐 아니라 약점도 강점으로 만들어 가면서 경쟁해 나갈 수 있겠지만, 현실은 강점만을 키우고 투자하기에도 만만찮을 정도로 가용자원이 빠듯하기 마련이다. 그래서 대부분 기업도 강점 위주의 전략을 펴게 된다. 여기서 선택과 집중이라는 기업 전략이 나온 것이다.

    사람도 비슷하다. 정도의 차이는 있을지언정 누구나 강약점, 장단점을 가지고 있다. 어떤 사람의 약점이 나의 강점보다 더 높을 수도 있겠지만, 나로서는 내가 가진 자질과 재능 중에서 더 높은 부분을 개발해 나가는 것이 현명하다고 볼 수 있다. 남과 비교하기 시작하면 해당 분야에 세계 최고가 되지 않는 한 늘 상대적 부족함이 남기 때문에 자신의 있는 그대로를 인정하고 존중함으로써 얻을 수 있는 자존감에 문제가 생길 수밖에 없다.

다행히도(?) 사람의 경쟁력이란 것은 제품이나 기업의 경쟁력과는 달리 성품이나 인격 같은 자질이 포함되어 객관적인 가치만으로 이루어지는 상품의 경쟁력과는 달라 그 변수가 사람 숫자만큼이나 많다고 볼 수 있다. 그래서 쉽사리 남에게서 보이는 강점에 의해 주눅 들거나 미리 포기할 필요가 없는 것이다.

그리고 자신의 약점을 방치해서는 안 된다. 적어도 그 약점으로 인해 자신의 강점을 가려서는 안 된다는 의미다. 가령, 흥분을 잘하고 감정 통제가 안 되는 약점을 가지고 있는 사람이 있다고 생각해 보자. 이 사람이 높은 판단력과 추진력으로 업무를 잘한다고 하더라도 동료나 부하의 발언에 쉽게 흥분하여 자신의 주장에 목소리를 높이거나 상대에게 험한 말을 하는 일이 빈번하다면 그의 높은 판단력과 추진력이라는 강점은 자신의 약점에 의해 빛을 발할 수가 없게 된다. 그래서 자신의 약점을 보완하는 것 또한 자신의 강점이 빛을 발하기 위해서 필수적인 일이 된다.

그런데 나의 강점을 어떻게 발견할 것인가? 앞서 말했듯이 의외로 우리는 자신의 강점을 잘 모른다. 중년에 이른 사람들은 살아오면서 자신의 강점이 이런 것이었구나 하고 느낄 때가 있다. 만약, 그 사실을 젊을 때 알았더라면 그 강점에 맞춰 일을 시작했을 것이고, 그로 인해 현재의 자신보다 더 나은 모습의 미래를 맞았을지도 모른다. 하지만 그 당시 젊은 시절에는 강점을 발견하는 과정이나 프로그램이 많지 않았다.

지금은 과거와 달리 자신의 강점과 무관하게 대충 주어지는 일로 시작해서 세상에 뛰어들기에는 세상이 그리 호락하지 않다. 무한 경쟁으로 치닫고 있는 기업의 제품이 점점 더 세분화되고 다양한 모습으로 고객의 선택을 기다리듯이, 사람들의 경쟁도 별반 다르지 않아 자신이 정말 잘하는 분야와 강점 위주로 개발해 나가지 않으면 경쟁에서 사라지는 상품 신세가 될 수 있다. 그래서 보다 빨리 자신의 강점을 찾고 그 강점 위주의 삶을 기획하는 것이 바람직하다.

다행히 요즘은 개인의 강점을 찾는 방법이 많이 나와 있다. 여러 가지 검사에 의존하기도 하고 전문가의 조언을 듣다 보면 아무래도 자신의 강점에 근접하기 쉽다. 이렇게 찾은 강점이라 하더라도 미래의 진로 개발을 위한 강점이라고 하면 더욱 어려운 문제가 된다. 왜냐하면 더 나은 진로를 위해서는 자신의 흥미와 가치관 그리고 성격과 부합되어야 하기 때문이다.

"고독을 견뎌내지 못하는 사람은 그 자신을 찾을 수 없을 것이다. 혼자 있을 때 너는 완전한 너이고, 다른 이와 있을 때의 너는 절반의 너다."라는 레오나르도 다빈치의 말을 생각하면서 강점 찾기를 시작하는 것이 좋겠다. 누군가의 도움도 중요하겠지만 결국 내 인생의 주인공은 나이고, 내가 내 인생을 경영하는 최고책임자(CEO)라 생각하고 나의 강점을 찾아가고 확정해 나가는 것이 올바른 태도다.

여기서 구본형 변화연구소에서 출간한 『나는 무엇을 잘할 수 있을까』란 책에서 언급한 강점 발견법을 소개하고자 한다. 여기서 소개되는 6

가지 방법은 실제 해 보지 않고 머릿속으로 이해하는 것으로는 큰 의미가 없다. 추천하기로는 이 책을 읽고 직접 한번 해 보는 것이 좋다.

첫 번째 강점 발견 방법은 '산맥 타기' 방법이다. 산맥 타기 방법은 먼저 종이에 가로축과 세로축을 그린다. 세로축은 지금까지 살아오면서 겪은 경험 점수이고 가로는 나이를 나타낸다. 점수는 7점에서 −7점으로, 살아온 자신을 돌아보면서 긍정적인 경험과 부정적인 경험의 정도를 생각하며 점수에 해당하는 지점에 사건 내용과 점을 찍는다. 그리고 그 점을 이으면 산맥처럼 보이는 그래프가 된다. 그 그래프 모양을 보며 나에게 일어난 사건을 되새긴다. 내가 했던 긍정적인 경험, 부정적인 경험으로부터 나의 강점을 발견하는 방법이다. 골짜기에 해당하는 부정적인 경험으로부터도 강점을 발견한다는 것은, 그 부정적인 경험을 통해 내가 더 겸손해졌거나 상대를 더 이해하게 되는 것과 같은 강점을 찾을 수가 있다는 의미다.

두 번째는 자신의 DNA코드를 발견하는 방법이다. 자신의 가족 친지들의 기질을 살펴보고 나와 비교하며 강점을 찾는 방법이다. 어쩔 수 없이 우리는 성장하면서 부모의 단점까지도 닮아 가는 것을 알게 된다. 그렇다고 부모와 진로까지도 같을 수야 없겠지만 부모의 강점을 끌어낼 수는 있다. 여기서는 타고난 재능과 경험과 학습을 통해서 형성된 재능을 구분할 줄 알아야 하는데, 이를 위해서 7세 이전의 자신의 기질을 얘기해 줄 수 있는 분을 만난다면 자신의 강점에 더 근접할 수 있을 것이다.

세 번째는 자신이 하고 싶은 것이 무엇인지 생각하면서 찬찬히 이해해 가는 방법으로, 자신의 욕망을 통해서 강점을 찾는 방법이다. 여기서는 자신의 본질적인 욕구를 찾는 것이 중요하다. 남에게 보여주기 위한 거짓 욕망이 아니라 실제 욕구를 찾아내는 일이 중요하다는 의미다. 삶이 6개월 연장된다고 생각하고 정말 하고 싶은 것이 뭔지를 생각하며 자신의 참 욕구를 끌어내고 거기서 강점을 찾는 방법이다.

네 번째는 몰입 경험으로 찾는 방법이다. 밤을 새워서라도 누가 말려도 기어이 하고 마는, 시험을 목전에 두고도 하고 싶은, 계속 해도 질리지 않는 그런 일이 바로 몰입되는 일이라 할 수 있다. 이렇게 몰입되는 일을 하는 것은 행복의 요건이기도 하다. 어쩌면 자신의 행복과 연결되는 몰입 경험에서 자신의 강점을 찾을 수 있을는지도 모른다.

다섯 번째는 자신이 해 온 일 중에서 성과를 냈던 일에서부터 강점을 찾는 방법이다. 자신이 선택한 일의 예상 결과를 기록한 후 실제 결과와 비교하여 잘한 분야가 무엇인지, 그 분야에서 어떤 강점이 발휘되었는지 살펴보는 방법으로 피터 드러커가 추천한 방법이기도 하다. 좋은 성과를 낸 일은 자신과 맞는 일이라 볼 수 있고, 그 일을 하는 데 필요했던 개인의 자질이나 능력이 바로 자신의 강점이 되는 것이다.

마지막으로 자기성찰을 통해서 찾는 방법이다. 이 방법에는 3가지 절차가 필요하다. 먼저, 검사 도구를 통해서 자신의 성향을 살펴보고 다음은 타인이 바라보는 자신을 파악하고 마지막으로 자신 내면의 소리를 들어 찾아내는 방법이다. MBTI, 애니어그램, 스트랭스파인더, 다중지능검사 등을 통해 자신에 대한 공통적인 성향을 끌어내어 타인의 시각을 통한 나의 강점을 확인하고, 그다음 내면의 소리를 통해 진정한 자신의 강점을 찾아낸다. 사색을 통해 내면의 성격, 기질, 성향, 마음, 심리에 주목하고 자신과의 솔직한 대화를 하면서 내 인생의 의미, 좀 더 가치 있는 삶을 생각하면서 진정으로 자신이 원하는 곳에서의 강점을 끌어낼 수 있게 된다.

미국의 리더십 전문가이며 목회자인 존 맥스웰이 미국의 정계, 재계, 교계의 영향력 있는 리더 천여 명을 대상으로 이런 질문을 했다. "자신의 시간 중에 '1. 강점 강화, 2. 새로운 것을 배움, 3. 약점 보완' 이 중 당신은 어디에 얼마만큼의 시간을 투자할 것인가?"

이 질문에 그들은 자기 시간의 75%를 강점 강화에, 20%를 새로운 것을 배우는 데, 5%를 약점 보완에 쓴다고 조사되었다. 정신없이 변화하는 세상에 적응하기 위해 새로운 것을 배우는 데에도 20%를 정도의 시간을 사용하고 있지만, 75%를 자신의 강점을 극대화하는 데 사용하였다고 한다.

이처럼 자신을 강점을 끌어내고 그 강점을 강화시켜 나가는 일이 중요하다.

좋은 성격이 있을까?

어떤 학생의 이런 피드백이 있었다.

"인생을 너무 외향적인 것에 맞추려 한다는 생각이 들었다. 성격 수업 중에 분명 성격에 정답은 없다고 하셨는데, 계속 수업을 듣다 보면 내향이 아니라 외향만이 정답임을 강조하는 것 같다. 물론 원만한 대인 관계를 위해선 외향적인 성격이 이점이 많은 건 사실이다. 하지만 밥을 혼자 먹지 말고 동아리를 의무적으로 들어야 하는 등 조금 불편한 부분이 있었다. 밥을 혼자 먹으면 어떻고 동아리를 안 들거나 한두 개만 들면 어떤가. 밥을 같이 먹기 위해 시간을 억지로 짜고 어색한 분위기에서 먹는 것보단 혼자 편한 게 나을 수도 있고, 시간적 여건이나 대인관계의 어려움을 가진 사람이 무리해서 동아리를 들면 스케줄 관리가 어렵거나 외려 동아리원과 친해지지 못할 수도 있다. 어떻게 해서든 친해질 사람은 친해지는데 오늘 수업은 여러모로 비판적인 수용을 하게 됐던 것 같다."

'인맥과 아부'란 제목의 수업을 듣고 어떤 학생이 보낸 피드백이다. 인맥을 넓히기 위해서 대학 기간 동안 점심도 같이하고 동아리도 많이 들면 좋겠다고 했던 수업에 대해 불편했던 점을 토로한 것이다.

성격에는 좋은 성격과 나쁜 성격이란 게 없다고 한다.

서로 다를 뿐이지 선악의 성격은 없다는 말이다.

무슨 측정이든지 측정은 우리를 불안하게 한다. 성격 검사 할 때도 마찬가지로 뭔가 좋은 성격과 좋은 점수를 받아야 한다는 막연한 불안감이 생긴다. 성격 검사를 하기 전에 손깍지나 팔짱을 껴보라고 한다. 그렇게 하면 오른쪽 엄지 또는 왼쪽 엄지, 오른쪽 팔이나 왼쪽 팔 중에 하나가 위로 올라갈 것이다. 이 상태에서 반대쪽으로 해보라고 한다. 그리고 어떠냐고 묻는다. 익숙하지 않아 어색할 것이다. 이처럼 성격에 좋은 성격, 나쁜 성격이 있는 것이 아니므로, 자신이 어느 쪽에 더 익숙한 것인지를 표기하면 되니 편안하게 체크를 하라고 한다.

그럼에도 불구하고 진짜 좋은 성격은 없는 걸까?

성격이 좋다거나 나쁘다고 할 때는 대인관계에서의 이야기다. 대인관계가 전혀 일어나지 않는 사람이라면 성격이 문제가 될 수 없다. 독립된 공간에서 혼자 산다고 가정해 보라. 그가 어떤 성격이든 무슨 상관이겠는가?

대표적인 성격 검사에는 MBTI가 있다. M과 B는 이 지표를 개발한 사람인 이사벨 마이어스와 피터 브릭스의 이름을 딴 것이고 T는 Type, I는 Indicator를 말한다. MBTI는 유명한 심리학자 칼 융의 이론을 바탕으로 마이어스와 브릭스 모녀가 개발한 성격유형 지표란 의미다. MBTI는 우리들의 성격을 4가지 선호 경향에 따라 16가지로 분류한다.

우리가 흔히 알고 있는 외향형과 내향형 구분 이외도 정보 인식 방법이 다른 감각형과 직관형, 의사결정 방식에 의한 사고형과 감정형 그리고 생활방식에 따라 판단형과 인식형으로 나뉜다. 이렇게 4가지의 서로 반대되는 경향 가운데 어떤 쪽을 더 선호하는지를 파악해서 4X4의 16가지로 분류하게 된다.

16가지로 나눴지만 그 정도는 사람마다 다르다. 외향적인 성격이 분명하게 나타나는 사람도 있지만, 내외향형 성격이 섞여서 나타나는 사람도 있는 것처럼 선호 정도가 사람마다 다르기 때문이다. 마치 사상 의학에서 태양, 태음, 소양, 소음의 4가지 유형으로 구분하지만, 사람마다 조금씩 다르게 나타나는 것과 같은 원리다.

그러면, 대인관계에서 외향형이 좋을까, 내향형이 좋을까? 흔히 우리들이 외향형과 내향형을 설명할 때 외향형은 적극적이고 내향형은 소극적이라 말하는 것은 틀린 것이 된다. 왜냐하면 내향형은 외적으로 에너지를 사용할 때는 소극적이 되지만 내적으로 에너지를 사용할 때는 적극적으로 바뀐다. 반면 외향적인 사람은 내적 방향으로 에너지를 쓰는 일에는 소극적이 되므로 양쪽 모두 에너지 방향에 따라 적극적이기도 하고 소극적이기도 하다는 의미다. 그 말이 자연스럽게 들린 것은 은연중에 외향적인 사람의 성격이 좋은 성격이라는 생각이 깔려 있어 나온 생각으로 볼 수 있다.

외향형은 여러 사람을 만나고 폭넓은 관계를 형성하는 데 유리하지만 내향형은 혼자 조용히 있을 때 에너지가 충전되기 때문에 소수의 사람들과 밀접한 관계를 잘 형성할 수 있다. 어느 쪽이 좋은 대인관계를 형성할 수 있을까? 전자는 넓고 얕은 관계 형성에 유리하고 후자는 좁고 깊은 관계 형성에 유리하다. 사회에서는 두 가지 유형의 대인관계가 모두 필요하다. 그래서 서로 약한 부분을 보완하면서 살아야 한다는 것이다. 자동차 세일즈맨이나 보험 외판원이라면 외향형이 아무래도 유리할 것이다. 반면, 좀 더 진지한 만남이 요구되는 직종에서는 내향형이 유리할 수 있는 것이다.

이렇게 보면, 성격으로 인해 대인관계에 유리한 부분은 없는 것이 맞다. 하지만 대인관계를 맺는다는 것은 일단 서로 교류가 일어나야 가능하므로 교류 자체를 거부해 버리면 대인관계에 어려움을 겪을 수밖에 없다. 교류가 일어나기 위한 최소한의 행동으로 함께 식사하기, 동아리 활동 등이 필요한 것이다. 이것은 대인관계 이전에 원만한 사회인으로 되어가는 과정에서도 반드시 필요하다고 하겠다.

태어난 성격을 바꾸기는 힘들겠지만, 부족한 부분을 보완하려 노력할 수는 있다고 생각한다. 나의 경우, 현재 측정되는 성격이 과연 나의 성격이 맞나 의심스러울 때가 있다. 살아오면서 바뀌어 온 성격이 나타난 것이 아닐까 하는 생각 때문이다. 지금 MBTI 결과를 보면 나는 완전히 외향적인 것으로 나오지만, 본래 나는 내향적인 성격이 강한 사람이었다.

그래서 성격 유형은 성격 類형을 성격 流형으로 표현할 만하다. 성격도 세월이 흐름에 따라 혹은 자신이 가진 직업이나 주위 환경에 적응해 오면서 바뀔 수 있는 것이다. 아내의 경우는 자신의 원래 성격을 찾는데 3년이나 걸렸다고 한다. 그렇게 해서 찾아내는 성격도 중요하지만 대인관계를 할 때는 현재 성격을 바탕으로 상대방의 성격을 고려하면서 자신의 행동을 보완하는 것이 중요하다고 하겠다.

그렇더라도 진로를 선택할 때는 자신의 본래 성격을 찾아서 진로를 선택하는 것이 좋다. 본래 내향형의 사람이 외향형의 성격으로 바뀌었다 하더라도 원래의 성격은 남아 있기 때문에 외판원과 같은 세일즈 직업을 선택해서는 만족도도 떨어지고 성과도 내기 힘들다. 더군다나 20대의 학생이라면 아직 환경에 영향을 받은 상태가 아니므로 자신의 원 성격을 찾는 노력이 중요하다. 그렇게 해서 자신의 성격에 부합하는 진로를 찾는 것이 바람직하다고 하겠다.

우리는 왜 일하는가

왜 일을 하는지에 관한 질문을 받았다고 생각해 보자.

먹고살기 위해서

자아실현을 위해서

행복하기 위해서

일을 적게 하기 위해서

등등의 대답이 나올 것이다.

나는 대학 졸업 후 지금까지 30년 이상 일을 해오고 있다. 나는 왜 일을 해왔을까?

첫 번째로 말한 "먹고살기 위해서"란 답이 가장 맞다. 지금은 조금 달라졌지만, 그때는 먹고사는 게 힘들 때다. 자아실현, 행복… 이런 류의 답은 어느 정도 회사 생활을 한 뒤 중년이 지나서 생각해 본 답들이긴 해도 대체적으로 '먹고살기 위해서'였다. 그냥 가족을 먹여 살리기 위해서 열심히 일해 왔다는 표현이 제일 맞을 것 같다. 나뿐 아니라 내 또래의 기성세대들은 비슷한 대답을 할 것이다.

'일에서 해방되기 위해서' 열심히 일했다. 역설적이지만 이 말도 우리

세대들에게는 맞는 말이다. 편안한 노후를 위해서 열심히 일해 왔다는 의미다. 일이 없는 편안한 노후는 행복한 미래를 의미했기에 그렇게 열심히 일을 했다.

이렇게 먹고살기 위해, 일에서 해방되기 위해 살아온 우리 세대들에게 "일이 있는 것이 행복이야. 일이 있어 바쁜 게 행복이야."란 말을 했다면, 모르는 소리 말라며 "무조건 쉬는 게 행복이야."라고 소리칠지도 모르겠다. 다만, 가끔은 일자리를 잃어 생계를 위협 받아본 사람들은 어쩔 수 없이 "일이 있고 바쁜 게 그래도 좋은 거야."라면서 그 말을 수긍할지 모르지만, 그 사람 역시 일을 안 해도 걱정 없이 살 수만 있다면 당장 일을 때려치울 정도로 우리 세대들에게는 일이란 되도록 덜 하는 게 상책이었다.

우리나라 기성세대들의 일에 대한 생각이 이렇게 정리되는 것은 지금까지 그들이 일을 선택하고 일을 해 온 환경에 있다. 지금까지 우리들이 하고 있는 일은 개인적인 보람을 찾는 자아실현의 수단이라든가 자기 삶의 가치와 의미와 연계되는 일이라기보다는 그야말로 생계수단으로써 일을 해 왔다고 볼 수 있다. 이런 상태에서는 일을 안 하거나 덜하고도 생계가 유지된다면 그렇게 하는 게 최선이다.

또한 알다시피 지금도 우리나라 노동자의 노동시간은 2015년 한국노동사회연구소 자료에 의하면 OECD 최고일 뿐 아니라 유럽인들이 '일밖에 모르는 무식한 X'라고 하는 미국보다도 연간 2개월 이상 일을 더 하는 나라다. 이런 나라에서 무조건 일을 안 하거나 덜 하는 게 행복일 수 있다. 더군다나 그 일이 자신의 가치를 높여주고 의미가 있는 일이 아니라면 더더욱 그럴 수밖에 없다.

다분히 철학적 주제이기는 하지만, 인간의 본성은 원래 일을 하지 않으려는 존재일까? 일을 하지 않고 살 수 있는 여유가 된다 하더라도 평생 일이 있어 바빠 사는 게 행복하다고 하는 표현은 자본가나 국가가 그들의 목적을 달성하기 위해 지어낸 말일까?

가령, 우리나라가 유럽처럼 일주일에 3~4일만 일하고, 하는 일이 자신의 의미와 가치를 증진시키는 일인데도 일 없이 소일만 하는 것이 더 행복하다고 했을까? 그렇지 않을 것이다. 오히려 죽을 때까지 일을 통해 자신의 가치를 증진시키며 사는 것이 행복의 중요한 요소가 될 수 있을 것이다.

분석 심리학의 대가인 칼 융의 성찰에서 우리들이 일에 대해 가져야 할 자세를 엿볼 수 있다. 칼 융은 "최고의 행복은 자기 자신을 발견하는 일이며, 일을 통해 자기 자신을 표현하는 것이 최고의 성공"이라고 했다.

이 말은 자신을 아는 일이 얼마나 중요한 것인지를 말해주고 있다. 자신을 잘 알아야 자신을 표현할 수 있는 일을 가질 수 있기 때문이다. 따라서 자신에게 맞는 일을 갖고 그것을 통해 자신을 표현하는 것이 최고의 성공이요, 행복이 되는 것이다.

일을 통해 자신을 찾고 성공한 사람들의 얘기를 들어보면 일과 행복은 분리될 수 없다고 한다. 처음에는 일을 많이 해서 돈을 번 다음, 그 일로부터 벗어나는 것이 행복이 아닐까 생각했다가 결국 그 일과 행복이 바로 하나여야 한다는 것을 깨닫게 된다는 것이다. 우리 세대들은 이 말을 이해하는 것이 쉽지 않을 것이다. 가끔은 일에 몰입하면서 그런 느낌을 가질 수도 있었겠지만, 대체로 자기를 이해하고 자기에게 맞는 일을 선택했다기보다는 사회로부터 주어진 일, 맡겨진 일을 해 왔다. 때문에 어떻게 하면 일을 덜하거나 일에서 벗어날 수 있을까를 더 고민해왔던 세대였기 때문이 아니었을까 하고 생각해 보게 된다.

그러나 자신이 좋아하고 잘하면서도 가치관에도 맞는 일을 하는 사람이라면 일하는 것이 행복과 연결될 수 있겠다는 생각이 든다. 이런 생각은 아내가 NGO 활동을 할 때 함께 일하는 능력 있는 청년들을 보면서 하게 되었다. 그들에게 일은 가치였고 의미였다. 한 달 내내 일을 하고도 받을 수 있는 돈은 최저임금 수준이었지만 그들은 늘 즐겁고 행복해 보였다. 아, 사람에게 일이란 그런 것이어야 한다는 생각을 할 수 있었다.

▼ Figure 5 셀리그만 교수의 행복공식

자신이 하는 일이 좋아하면서도 잘하는 일인 데다 가치관에 맞는 일이라면, 의미 있는 일이므로 몰입할 수 있는 일일 것이고 성취감도 얻을 수 있을 것이다. 그리고 이렇게 자신이 좋아하고 의미 있는 일을 하다 보면 자연스럽게 함께 일하는 사람뿐 아니라 가족, 이웃과의 좋은 관계로도 연결되기 마련이다. 긍정심리학의 대가인 셀리그만은 행복공식 PERMA에서 행복의 요소로서 '긍정정서', '몰입', '관계', '의미', '성취'를 얘기했는데, 자신이 좋아하면서도 잘하는 일인 데다 가치관에 맞는 일이 바로 행복과 연결됨을 말해 주고 있는 것이다.

또한, 일은 자신을 성장시키고 훈련시키는 과정이기도 한다. 이 말에는 나와 기성세대들도 어느 정도 동의한다고 생각한다. 인생의 대부분을 차지하는 일을 통해서 내가 성장하고 있고 많이 배운다는 것을 느낄 때가 많았다. 그러나 우리들이 일을 하는 동안의 성공은 대체로 그 조직의 높은 직책을 의미했다. 그래서 그 승진의 계단에서 탈락하는 친구들은 좌절감으로 회사를 떠나 새로운 도전을 하기도 했다.

자신에게 맞고 가치가 있는 일을 했다면 분명히 조직에서도 높은 보상과 직책이 따라 왔을 것으로 생각되지만, 그렇게 되지 않는다 하더라도 하는 일 자체에 의미를 두는 사람은 보상과 직책에 의해 큰 영향을 받지 않을 수도 있겠다는 생각이 든다.

니체는 '인생을 최고로 여행하라'에서 "여행의 보상은 목적지에 있지 않고 그 여정에 있다."라고 했다.

일에 대한 보상도 여행처럼 그 목적지에 이르는 것이 아니라 그 일을 해 나가는 동안의 여정에 있어야 한다는 생각이다. 젊은이들의 멘토라 할 만한 성공한 분들의 이야기 속에서는 한결같이 일을 하는 그 과정의 중요성을 강조하는 것을 엿볼 수 있다. 일의 성공에 대한 생각도 그 목적지가 아니라 그 목적지에 이르는 과정에 두고 성공은 다가올 수도 있고 그렇지 않을 수도 있다고 생각하는 것이 현명한 태도가 될 것이다.

결국, 고용에 대한 국가의 사회안전망이 구축될 것이라는 전제가 있어야 하겠지만, 우리 젊은이들은 기성세대와는 달리 자신이 좋아하고 잘하면서도 가치에 맞는 일을 선택해야 한다고 본다. 그리고 그 일을 하는 과정에서 행복을 느끼고 삶의 가치와 의미를 발견해 나가야 할 것이다.

좋은 가치관이란 게 있을까?

"어떤 가치관이 좋은 가치관인가요?"란 질문을 받았다.

진로를 선택하는 데 있어 흥미나 적성뿐 아니라 가치관에 맞는 진로를 선택해야 한다는 얘기를 하면서 나온 질문이다.

글쎄······.

좋은 가치관이란 것이 있는 걸까?

좋은 가치관이 있다면, 나쁜 가치관이 있다는 말인데, 그 둘은 어떻게 판단할까?

가치관도 지속적으로 변하는 것은 아닐까? 그렇다면 지금의 가치관으로 선택한 진로가 나중에 가치관이 바뀌면서 진로도 바뀌어야 하는 것은 아닐까?

가치관이란 사전적으로는 '인간이 자기를 포함한 세계나 어떤 대상에 대해 부여하는 가치나 의의에 관한 견해나 입장'으로 되어 있다. 다소 어렵게 느껴져 다른 설명을 봤다.

'가치관이란 옳은 것, 옳지 않은 것, 해야 할 것 또는 하지 말아야 한 것 등에 대한 일반적인 생각.' 조금 쉽게 의미가 들어온다.

가치관은 어떻게 형성될까?

자라면서 마주하는 가정·학교 그리고 이웃들과 같은 주위 환경이 가장 큰 영향을 미칠 것이다. 그리고 속한 사회 분위기도 무시 못 할 영향을 줄 것이다. 또한, 책을 통해서 혹은 학습을 통해서 들어오는 지식도 가치관 형성에 큰 영향을 미칠 것이라 생각한다.

이렇게 형성된 가치관은 옳고 그름의 판단이 되고, 행복과 불행의 기준이 된다. 그래서 올바른 가치관의 형성이 중요한 것이다. 그런데 올바른 가치관이란 어떤 가치관을 말할까?

올바른 가치관을 정의하는 것은 마치 진리를 정의하는 것만큼이나 어렵다.

특히 사람과 관련되는 정의니 더 어려운 게 아닐까 싶다. 모든 사람에게 통용되는 올바른 가치관을 정의하는 게 가능할 것 같지 않다는 의미다. 나름대로 고민해서 나온 정의는 이렇다.

누구든 현 시점에 자신에게 형성된 가치관이 있을 것이다. 살아오면서 형성된 가치관의 옳고 그름을 판단하는 것은 쉽지 않다. 그렇게 형성된 자신의 가치관을 가지고 자신이 존경하는 사람, 따르고 싶은 사람, 멘토로 삼고 싶은 사람의 가치관과 비교를 해보면 자신의 가치관이 바람직한지 여부를 판단할 수 있을 것 같다.

그런 분들의 가치관은 인류가 함께 살아가는 데 도움 되고 사람이 존중받는 사회를 만드는 데 도움이 되고, 환경을 보존하는 데 도움 되는 가치관일 가능성이 높다. 그러나 이것도 현실에 옮겨서 적용해 보면 그 판단이 만만찮다.

일전에 지율스님이란 분이 천성산 도로 개통 때 도룡뇽의 보호를 위해 40일간 단식을 하여 죽음 직전까지 간 적이 있다. 이분은 도룡뇽 보호와 같은 환경 보호란 대의에 자신의 목숨까지도 바칠 정도로 중요한 가치를 두고 있지만, 반대 측에 있는 분들은 도로 개통으로 보다 나은 교통 편의를 제공하고 사람들에게 이익을 준다는 가치를 두고 서로 대립했던 것이다. 어느 것이 올바른 가치일까? 나는 지율스님의 가치관이 옳다고 보지만, 그렇지 않다고 생각하는 사람들의 가치관도 틀렸다고 할 수는 없을 것이다.

이렇듯 올바른 가치관을 판단하는 게 쉽지 않다.

학생들의 진로와 관련하여 연관되는 가치관은 직업 가치관이다.

직업 가치관은 직업 선택에 있어 영향을 주는 가치관이다. 직업 가치관도 개개인의 가치관에 바탕을 두고 있지만 보다 현실적인 선택을 할 수밖에 없는 직업 선택이라는 면에서 조금 다를 수는 있겠다는 생각이 든다. 직업을 통해 자신이 추구하거나 실현하고자 하는 목표와 관련되므로 조금 더 현실적인 문제와 연결되는 가치관이다.

고용노동부에서 제공하는 성인용 직업 가치관 검사에서는 직업 가치관의 종류로 직업 안정, 몸과 마음의 여유, 성취, 금전적 보상, 지식 추구, 자율, 영향력 발휘, 변화 지향, 실내 활동, 봉사, 개별 활동, 애국, 인정까지 13가지로 나눠져 있다. 이 항목 중에 실내 활동, 개별 활동과 같은 것은 가치관이라기보다는 일을 하는 방식에 가까워 가치관으로 명명하기에는 애매한 것도 있지만, 직업 선택을 위한 가치관이란 측면에서 이해해야 할 것 같다.

2014년에는 2004년에 비해 직업 가치관 순위에 획기적인 변화가 있었다. 2004년에는 '성취'가 1위였으나 2015년에는 '직업 안정'이 1위가 되었다며 뉴스의 탑 라인에 올랐다.

이것이 무엇을 의미할까? 우리는 점점 더 잘산다는 나라에 살고 있지만, 직업을 선택하는 직업 가치관은 일의 성취가 아니라 직업 안정성으로 무게중심이 옮겨 갔다는 의미다. 그만큼 우리 사회는 일 자체의 보람이나 성취보다는 그 일이 얼마나 안정적이냐의 여부가 직업 가치관의 기준이 되는 사회에 산다는 의미다.

그래서 공무원, 교사, 간호사, 의사, 변호사와 같은 라이선스를 갖는 직종이 인기를 누리고 있다. 그리고 정년이 없거나 정년이 보장되는 직종. 즉 직업 안정성이 보장되는 직종을 선호하게 되었다는 뜻이다.

이는 우리 사회가 전형적으로 불안한 사회란 것을 반증한다. 사회안전망이 구축되지 않은 사회에서는 일자리를 잃는다는 것은 생계유지가 어려워졌다는 것을 의미하고 곧 삶의 실패를 의미하므로 안정적인 직장에 몰리게 되는 것이다. 이처럼 사회안전망이 갖춰지지 않은 사회에서 학생들에게 자아실현의 수단으로서의 일이나 변화에 도전하는 일에 대한 선택을 기대할 수는 없는 것이다.

이런 사회에서 직업 가치관으로 직업 안정, 몸과 마음의 여유, 금전적 보상과 같은 가치가 선호되는 것은 너무나 당연하다. 그러나 우리 사회가 좀 더 발전적이고 역동적인 사회가 되려면 실패를 두려워하지 않고 도전을 즐기며, 일 자체에 보람과 만족을 느낄 수 있는 직업 가치가 선택될 수 있는 사회가 되어야 할 것이다.

현재 우리 사회 구성원들은 역동적인 발전보다는 정체된 안정을 택하고 있다. 젊은이들의 직업 선택에 대한 직업 가치관은 우리 사회의 현재 자화상을 보여주고 있는 것이다. 도전보다 안정을 선택하는 젊은이들을 나무라기 전에 기성세대가 다음 세대를 위한 사회안전망 구축을 위해 어떤 노력을 했는지 돌아볼 때다.

현재의 직업 가치관이 개인의 현재 진로 선택에 있어 중요한 것은 사실이다. 자신의 흥미와 적성 그리고 직업 가치관까지 일치하는 진로 선택이 바로 꿈의 진로 선택이 되기 때문이다. 그렇게 선택한 진로지만 자신의 의식 성장과 더불어 또는 사회안전망이 갖춰짐과 더불어 가치관이 변화하면서 새로운 진로로의 이전이 일어날 수도 있다. 이것은 너무나 자연스런 것이며 개개인의 행복과 더불어 바람직한 사회로의 이행이므로 축복할 일이다.

자존감, 진짜 높으세요?

"나는 소중한 존재다. 그리고 사람은 누구나 그 자체로 존중받아야 한다."

이런 선언에 아니라고 할 사람은 없을 것이다. 그리고 다른 사람으로부터 그런 대우를 받기 싫어하는 사람도 없을 것이다. 그런데 혼자 조용히 스스로에게 질문해 보면 그게 쉽지 않다.

"내가 정말 소중한 존재일까?", "내가 있는 그대로의 나를 존중하며 살고 있는가?"란 질문에 흔쾌히 "예스!"라고 답을 하기가 힘들어진다는 얘기다.

이게 자존감이다. 생긴 그대로의 나를 인정하고 존중하는 마음가짐이 바로 자존감이다. 자존감이야말로 인생을 사는 동안 정말 중요하다는 사실을 나는 조금 늦게 깨달았다. 사실 내가 자존감이 낮은 사람인지 잘 몰랐다.

자존감은 두 가지로 구성되어 있다고 한다.

하나는 자신이 사랑받을 만한 가치가 있다고 생각하는 '자기 가치감' 이고 다른 하나는 무엇인가 해낼 수 있다고 하는 '자기 능력감, 자신감' 으로 구성된다.

이 두 가지가 든든해야 자존감이 높다고 할 수 있고, 이 자존감은 인생의 든든한 주춧돌이 됨을 늦게서야 알게 된 것이다. 자존감이 낮은 상태에서는 자신감이 떨어져 무슨 일에 도전하기도 쉽지 않거니와 자신의 부족한 점에 치중하여 자신을 보게 되므로 늘 불안과 조바심으로 어려운 삶을 살게 된다.

자존감이 자기 스스로 있는 그대로를 존중한다는 자아 존중감이라면 비슷한 단어인 자존심은 타인에게 존중받고 싶어 하는 타자 존중감이다. 그래서 자존심은 부정적으로 쓰이기도 한다. 그렇지만 든든한 자존감 위에 자존심이 자리 잡게 되면 그것은 자기 정체성이 되고 신념이될 수 있다. 그래서 자존감이 먼저 든든하게 자리 잡는 것이 중요하다.

건강한 자존감을 가진 사람은 자신을 소중하게 여길 뿐 아니라 상대방도 그만큼 소중하게 여길 줄 안다. 상대방도 자신만큼 소중하게 존중받아야 할 사람이기 때문이다. 그래서 자존감이 높은 사람이 대인관계도 원만할 수 있다.

이렇게 중요한 자존감에 문제가 있는 사람이 나뿐 아니라 의외로 많다는 것을 알게 되었다. 겉으로 드러내지 않았을 뿐, 실제 자존감 문제를 겪는 사람은 더 많이 있었던 것이다. 이런 자존감에 대한 중요성을 하루라도 빨리 깨우치면 그만큼 안정되고 건강한 삶을 살 수 있다고 생각한다.

나는 다른 사람에 비해 남으로부터 인정의 욕구가 많은 사람이었고 지금도 크게 달라지지 않았다. 그러다 보니 다른 사람의 시선을 많이 의식하며 행동하는, 전형적으로 자존감이 낮은 사람이었던 것이다. 성격상으로도 나는 주위에 있는 다른 사람이 불편한 것을 견디지 못하고 늘 다른 사람을 배려하는 편이기는 하지만, 그런 성격의 문제뿐 아니라 나는 평소에도 늘 다른 사람을 지나치게 의식하는 행동을 하고 있었던 것이었다. 나처럼 이렇게 행동하는 사람은 주변에 누가 있느냐에 따라 혹은 주변 상황에 따라 나의 가치가 변동이 되므로 안정된 자존감을 갖기 어렵게 된다.

또한, 자존감을 떨어뜨리는 중요한 요인은 우리들의 마음속에 자리 잡고 있는 열등감이다. 열등감은 여러 원인으로 일어난다. 학력에서 비롯되는 열등감에서부터 시작해서 외모, 재력, 체력 등등 다른 사람이 보기에는 문제가 되지 않는 것들도 스스로에게는 열등감이 되어 나타나는 것들도 많다.

나에게도 어릴 적부터 나의 자존감을 떨어뜨리는 몇 가지 열등감이 있었다. 지금은 많이 극복되었다고는 하지만 은연중에 나타나기도 한다. 그중 하나가 운동에 대한 소질이 낮은 데 따른 열등감이다. 남성으로서의 역할 중 상당 부분은 체력을 바탕으로 한 운동 능력이 주가 되는 것이 많기 때문에 이 부분에 소질이 없는 나는 늘 열등감에 사로잡혀 살아왔다고 볼 수 있다. '지금은 왜 남성이라고 체력이 강하고 운동을 잘해야만 하지?'라는 질문과 함께 열등감이 어느 정도 해소되기는 했지만 완전히 사라진 것은 아니다. 반면에 여성들 중에는 사회가 요구하는 여성상에 맞지 않은 부분으로 인해 많은 열등감을 겪어 온 사람이 있을 것이라 생각된다.

또 한국 사회에서 일반적으로 가지게 되는 열등감 중 대표적이라 할 만한 부와 학력에 대한 열등감도 있었다. 이 부분도 많이 해소되기는 했지만 50대 후반이 된 지금도 완전히 소멸되지 않은 것을 보면 사람들은 자신의 위치에서 비교하여 열등감을 갖게 되지 않을까 하는 생각이 든다. 어찌 보면 나의 어떤 부분은 상대가 볼 때 부러워할 만한 부분이 많을 텐데도, 그런 부분이 쉽게 나의 열등감을 상쇄하지 못하는 것 같다.

물론, 부와 학력에 대한 열등감은 한국 사회가 만들어 놓은 부분도 크다고 본다. 산업사회를 거치면서 압축 성장해 온 한국 사회는 돈과 학력이면 최고인 세상이 되어 버렸기 때문에 그 사회 속에 속한 나를 비롯한 우리들은 자연스럽게 부와 학력에서 비롯되는 열등감을 갖게 된 것이 아닌가 생각한다. 이 부분 역시 생각이 성숙하게 되어 눈을 돌려 보면 부와 학력이 가치의 전부가 아니란 걸 알게 되고, 우리들이 선진국이라고 손꼽는 나라들은 보다 중요한 것을 가치로 삼고 살아간다는 것을 알게 된다. 그것을 깨닫게 되면 그런 열등감에서 비롯되는 자존감 문제는 사라지게 된다.

다른 한편으로 다른 사람에 대해서 갖는 우월감 또한 열등감의 다른 표현이라고 한다. 자존감이 높은 사람은 열등감도 갖지 않을 뿐 아니라 우월감도 갖지 않게 된다. 왜냐하면 자신을 있는 그대로 인정하기 때문에 상대에게 과도한 표현을 하지 않기 때문이다.

이처럼 우리의 자존감을 떨어뜨리는 열등감을 극복하고 자기 자신을 있는 그대로 존중하고 아끼는 마음 상태를 유지할 수 있어야 한다. 그 상태가 바로 우리가 우리 인생을 스스로 살아갈 수 있는 기본을 갖추게 되었다는 것을 의미하기 때문이다.

자존감이 높아지면 남과 비교하는 삶에서 벗어날 수 있게 되고, 스스로의 가치 기준에 의한 삶을 살 수 있게 된다. 도전에 대해 자신감이 생기게 되고 어지간한 실패에도 쉽게 좌절하지 않게 된다. 또한, 남의 성공에는 진심으로 축하를 할 수 있는 마음을 갖추게 된다.

이렇게 중요한 자존감을 키워 나가기 위해서는 강점 중심의 삶을 개척할 필요가 있다. 우리가 보기에 성공했다는 사람들은 물론, 사람은 누구나 장점과 단점을 가지고 있다. 어떤 사람은 장점을 잘 키우고 단점을 보완해서 자신감 넘치는 삶을 살지만, 어떤 사람은 단점에 집착하는 열등감에 사로잡혀 스스로 자존감이 낮은 삶을 살게 된다.

"단점을 가지지 않고 성공한 사람은 없다."라는 말이 있다. 누구나 단점을 갖고 있다.

든든한 자존감으로 자신의 장점을 잘 개발하여 자신의 삶에서 주인이 되는 멋진 진로를 개척해 나가야 한다.

식상하게 들리더라도 꿈을…

대학생들에게 "꿈을 가져야 합니다. 꿈의 크기만큼 인생이 달라집니다!"란 강조를 했다고 해보자.

조금은 식상하게 들릴 것이다. 세상이 만만찮다는 것을 어느 정도 알아버렸기 때문이다.

초등학교 꿈과 중학교, 고등학교를 거치면서 자리 잡는 꿈은 다를 수 있다. 대체로 그 꿈의 크기가 점점 줄어들었을 가능성이 높다. 주위 환경의 영향을 받기 때문이다. 이렇게 해서 간직해 왔던 꿈은 대학에 들어가면서부터는 완전히 현실적인 꿈, 졸업 후 일자리에 대한 꿈만으로 좁혀져 버린다.

현실을 직시하고 현실을 바탕으로 꿈을 꾸는 것이 나쁘다는 말은 아니다.

그런데 그것을 꿈이라고 하기는 어렵다. 꿈은 현실을 바탕으로 갖는 것이긴 해도 현실적이기만 해서는 꿈이라고 할 수 없다. 현실에다 자신의 가능성과 이상적인 미래가 더해져 만들어져야 꿈이라 할 수 있다. 이런 꿈을 크게 가지면 그만큼 삶의 크기가 달라진다. 그 꿈은 이루어지지 않을 수도 있을 것이다. 그렇다고 미리 꿈의 크기를 제한해 버리는 것은 자신의 가능성을 잘라버리는 것과 같은 꼴이 된다.

꿈의 크기를 얘기할 때, 자주 예를 드는 물고기가 있다.

코이라는 물고기로 그 물고기는 어항에서 자랄 때는 5~8센티까지만 자라지만, 연못에서는 15~20센티, 방류했을 때는 120센티까지 자란다고 한다. 코이는 자신이 살아갈 무대에 따라 그 크기가 달라지는 물고기다.

모든 물고기가 다 그런 것은 아니지만 코이란 물고기는 주어지는 환경에 따라 그 크기가 달라진다고 한다. 물고기는 코이라는 물고기에 한해 크기가 달라지지만 사람의 가능성의 크기야말로 어떤 크기의 꿈을 갖느냐에 따라 상상할 수 없을 정도의 크기로 달라질 수 있다는 생각이다.

요즘 금수저라 하여 부모를 잘 만난(?) 사람은 태어날 때부터 모든 좋은 조건을 가지고 태어나기 때문에 애초에 그들과의 경쟁은 불가능하다고도 한다. 송충이는 솔잎을 먹고 자라야 한다는 얘기도 아예 비현실적인 꿈을 꾸지 못하도록 하는 취지에서 나온 격언일 것이다.

틀린 말은 아니다. 과거보다 사회적인 계층 상승이 어려워진 것은 사실이다. 세계 400대 부자 중 자수성가하여 부자가 되는 비율이 2015년 블룸버그 자료에 의하면 미국 71%, 중국 97%, 일본 100%이지만 우리나라는 0%다. 또한, 10대 부호 현황에서도 자수성가한 사람의 숫자가 중국 10명, 일본은 8명이지만 한국은 3명에 불과하다고 한다. 이런 지표들이 기존 고착된 사회구조 시스템에서 도전하는 마음을 갖는 것조차 허락되지 않는 사회 분위기를 뒷받침하고 있다.

꿈은 부를 일구어 이룰 수도 있지만 그 이상의 것을 말한다. 어쩌면 앞에서 말한 고착된 사회구조를 바꾸는 것도 자신의 꿈이 될 수 있다.

그냥 잘 먹고 잘살기 위한 꿈도 꿈이 되겠지만 자신이 갖는 삶의 가치와 연계된 꿈이면 좋겠다. 삶의 가치가 잘 먹고 잘사는 것이라면 어쩔 수 없겠지만 그런 꿈은 이룬 후에 허무할 수 있다. 잘 먹고 잘사는 기준이 애매하고 끝이 없기 때문이다. 그래서 꿈은 자신의 가치와 연계된 꿈이라야 의미도 있고 이루어질 가능성도 높아진다. 뿐만 아니라 자아실현과도 연계되는 것이다.

사람으로 태어났다면 혼자 잘 먹고 잘사는 꿈만 가지지 말기를 바란다. 그런 일은 동물을 이길 수가 없다. 우리 집 애완견을 보더라도 알 수 있다. 그 녀석은 먹고 사는 일에는 거의 본능적으로 움직인다. 사람이 태어나서 혼자 먹고 잘 사는 정도의 꿈을 갖고 동물과 경쟁하는 일은 슬프지 않겠는가?

꿈이 생겼으면 적어서 갖고 다녔으면 좋겠다.

이제는 '적자생존'이란 말의 뜻이 '적는 사람만이 살 수 있다.'로 여겨질 정도로 기록의 중요성을 얘기할 때 꼭 등장하지만, 실제로 나 역시 적으면 인생이 달라진다고 믿는 사람 중 하나다.

적는 것의 힘을 여러 번 들었겠지만, 적어야 고정된다. 자기 암시가 되기 시작한다. 적지 않은 채 머릿속에만 남몰래 갖고 있는 꿈은 금세 사라지기도 하고 또 새로운 꿈으로 바뀌기도 하고 포기해 버리기도 쉽다. 왜냐하면 머릿속에서 결심만 했지 고정된 꿈이 아니기 때문이다.

나 혼자만 알고 있는 꿈이라 하더라도 적는 순간 생각이 고정되는 효과가 있다. 그 적은 꿈을 늘 보는 위치에 두고 자기 암시를 하면 더 효과가 있고 나아가 사람들에게 공개하게 되면 더 열심히 그 꿈을 이루기 위해 내가 노력할 것이므로 실현 가능성이 높아진다.

꿈, 특히 적어 놓은 꿈을 가짐으로써 꿈이 이루어졌다는 예를 들 때 가장 유명한 사람은 존 고다드란 분이다. 그는 17살 때 자신의 할머니와 이모가 인생을 살면서 이루지 못한 꿈을 후회하는 이야기를 듣고서 메모지에 자신의 꿈 127가지를 기록하고 그 꿈의 실현을 위해 노력했다고 한다. 47살이 되었을 때 그는 달나라에 갔다 오는 꿈을 포함한 거의 모든 꿈을 이루게 된다.

그리고 한국에는 대표적인 꿈 멘토로 김수영 씨가 있다. 김수영 씨의 이야기는 유튜브에 들어가면 널려 있다. 어려운 가정환경 속에서 가출, 자살 시도 등 불우한 학창시절을 잘 극복하고 휴지통에서 주운 문제집과 신문으로 공부하여 원하는 대학과 기업에 들어갔다. 그리고 60여 개국을 다니면서 70여 개의 꿈을 이루어 가고 있는 대표적인 꿈 전도사 중 한 사람이다.

이런 분들이 대단하기는 하지만 부러워할 필요는 없다. 어찌 보면 이런 분들과 나와는 환경도 다르고 가진 재능도 다를 수 있다. 그래서 이분들처럼 한다고 이분들처럼 될 것이라 생각하는 것은 말도 안 될 수도 있고 오히려 나에게 좌절감만 갖게 만들 수도 있다.

그럼에도 불구하고, 이런 분들이 대단한 것은 사실이다. 이런 분들이 꿈을 갖지 않았다면 아무리 비범한 사람이었다 하더라도 평범한 꿈과 함께 평범한 삶이 되었을 가능성이 높았을 것이다. 하지만 꿈을 가졌기 때문에 비슷한 능력을 가진 사람보다 더 많은 꿈을 이루게 된 것이라고 생각한다. 그것이 중요하다. 어떤 능력을 가진 사람이든 꿈을 가진 사람과 갖지 않는 사람의 차이, 거기에 핵심이 있다.

누구든 꿈을 갖게 되면 꿈 없이 막연히 사는 것보다는 훨씬 더 많은 꿈을 이룰 수 있다는 것이다. 그렇게 이룬 꿈의 수는 자신이 가진 꿈의 크기와 자신의 능력에 따라 달라질 수 있겠지만 꿈을 갖지 않았을 때 보다는 더 많은 꿈을 이룰 수 있다는 것이 꿈을 가져야 하는 이유다.

사람의 능력은 무한대라 생각한다. 이것을 믿고 안 믿고는 자유지만 믿는 만큼 그 가능성이 커지는 건 사실일 것이다. 단지 무한대로 뻗을 수 있는 그 방향을 못 찾아서 방황할 수는 있어도 사람들마다 자신이 가진 재능 분야에서의 가능성은 무한대로 커질 수 있다고 본다. 헤쳐 나가다 보면 자꾸 새로운 방향으로 확장됨을 느끼게 된다. 그래서 꿈을 크게 가져야 한다.

처음부터 너무 많은 꿈을 크게 가질 필요는 없다. 5가지, 10가지라도 적어서 가져 보자. 그리고 매일, 매주, 매달 계획을 세우면서 환기하고 실천해 나가자. 그렇게 해서 꿈이 이루어지면 좀 더 많은 꿈을 가져 보자. 그렇게 하는 동안 자신도 모르는 영역으로 꿈의 범위가 확장되기 시작하고 꿈의 크기도 커지고 가짓수도 많아지게 될 것이다.

꿈을 가져야 한다는 말, 그리고 기록한 꿈을 가져야 한다는 말.
소중하게 여긴 만큼 풍부한 삶으로 이끌어 줄 것이라는 사실을 후배들에게 힘차게 얘기해 주고 싶다.

나는 누군가?

꿈은 이루어진다, 거짓말이다

좋은 강의를 들었다.

지금까지 거의 모든 자기계발서에서 주창하는 "간절히 원하면 이루어진다, 꿈은 이루어진다."는 말이 거짓말이란 내용의 강의였다.

꿈을 갖는 것이 중요하고, 그것도 기록한 꿈은 반드시 이루어진다면서 '적자생존(적는 사람이 생존한다)'이란 말로 강조하기도 했다.

그뿐만이 아니다. "간절히 원하면 이루어진다."는 주제의 책들은 지금도 서점가에서 쉽게 발견할 수 있다. 꿈꾸는 다락방이란 책에서는 R=VD(Realization=Vivid Dream)라는 공식까지 제시하면서 생생한 꿈을 갖는 것이 중요하다고 강조한다.

또, 심리학자들은 피그말리온 효과라 해서 간절히 바라면 이루어진다는 것을 이론적으로 뒷받침해 주고 있다.

그리고 어려운 시절을 거쳐 성공한 사람들의 강의 내용 중 상당수는 꿈을 갖는 것이 중요하다며 마무리한다. 그들이 가진 수많은 꿈 리스트들이 하나씩 이뤄지고 있다며 자신의 삶을 통해서 증명한다. 그런 분들의 드라마틱한 삶의 여정이 흥미롭고 대단해 보이는 것은 사실이지만, 나는 그렇게 성공한 분들의 상당수는 원래부터 그 정도 성공할 만한 자질을 가지고 있었던 분들이었다고 생각될 때가 있다.

다시 말해 보통 사람들은 아무리 노력해도 노력만으로는 그렇게 될 수 없는 기본 능력이 뛰어난 사람들이었다는 것이다. 물론 그런 사람과 같은 능력을 가진 모두가 그렇게 대단하고 많은 꿈을 이룰 수 있다는 말은 아니지만, 꿈을 기록하고 노력하는 것만으로는 이룰 수 있는 데 한계가 있다는 말이다.

현실이 그렇지 않은가? 꿈꾸는 일들이 그리 쉽게 이루어지던가? 이루어지는 꿈보다 이루어지지 않은 꿈들이 훨씬 많은 것이 현실이다.

그러면 그들은 이렇게 말한다.

그 꿈을 이루기 위해 얼마나 노력했고, 얼마나 절실했느냐고……. 이 말에 의하면, 이루어지지 않은 꿈들은 모두 나한테 책임이 있는 것이다. 내가 그만큼 노력하지 않은 것이고, 그 꿈에 대한 소망이 그만큼 절실하지 않았기 때문에 이루어지지 않은 것이 된다.

나도 직장 후배들에게 강의나 대화를 하는 기회가 있을 때마다 꿈을 꾸는 것이 중요하고 도전적인 삶을 살아야 한다고 강조해 왔다. 그리고 자신의 능력을 미리 제한하지 말고 무한한 꿈을 꾸면서 도전해 가라고 격려해 왔다.

그렇지만 늘 찜찜한 구석이 있었다. 정말 꿈을 꾸면 다 이루어지는가? 나부터 꿈꾸는 일들이 쉽게 이뤄지지 않는다는 것을 알기 때문에 자신감 있게 그들 앞에서 내 생각을 전파하는 데는 몇 프로 부족한 면이 있었다.

그런데 그 강사가 나에게 답을 줬다.

꿈을 꾼다는 것은 그 꿈이 성취되는 것을 목표로 하는 것이 아니라 꿈을 이루어가는 과정에서 그만큼 성장해 가는 것을 목표로 삼아야 하고, 그 과정에서 어떤 꿈은 이루어진다고 생각해야 한다는 것이다.

꿈은 성취되는 대상이 아니라 성장의 대상이 되어야 한다는 생각!

대단하게 느껴지지 않은 사람도 있겠지만, 내게는 몇 프로 부족한 생각의 공간을 메워 주는 엄청난 메시지였다.

그렇게 해석하고 보니 반드시 이루어지지는 않는 꿈이라 하더라도, 꿈꾸는 일이 허황된 일이 아니라 반드시 해야 될 일로 다시 정리가 된다.

도전적인 꿈과 목표를 가지고 살다 보면 성취되는 꿈과 목표도 있겠지만, 그렇지 않은 것들이 훨씬 많을 수도 있다.

그렇지만 꿈과 목표는 가져야 한다. 왜냐하면 그 꿈과 목표를 성취해 가는 동안 그만큼 성장해 갈 것이고, 성장해 가는 만큼 자신이 가진 꿈과 목표에 가까이 가게 될 것이기 때문이다. 아예 꿈과 목표를 갖지 않는다는 것은 성취는커녕 성장마저 포기하는 것이기 때문에 꿈과 목표를 가져야 한다.

우리의 옛말에 "가다가 아니 가면 아니 간 것만 못하다."는 얘기가 있지만, '가다가 아니 가도 간 만큼 이익이다.'라는 우스개 얘기도 있다. 전자가 '성취'의 중요성을 얘기한 것이라면, 후자는 '성장'에 관한 얘기다.

'나는 오늘도 얼마나 성장하고 있는가?'

이것이 인생 마지막까지 가져야 할 최고의 목표이고 화두여야 한다는 생각을 하게 된다.

두 번째 탄생, 비전을 얻다

인간은 두 번 태어난다고 한다.

한 번은 당연히 육체적인 탄생이다. 내 의지로 태어난 것이 아니라 부모로부터 이 세상에 던져졌을 때이다. 다음은 어느 정도 성장하고 자신이 누구인지? 어디서 와서 어디로 가는 존재인지? 제 삶의 목적이 뭔지를 성찰하여 내 의지로 나를 돌아보고 삶의 방향을 정하는 시점이다.

이렇게 자신에 대한 삶의 큰 그림을 그리고 방향을 결정하는 것을 '비전을 설정'한다고 한다.

비전이란 단어는 여러모로 쓰인다.

"네 비전이 뭐냐?", "지금 네가 하고 있는 일이 비전 있는 일이냐?"

전자는 지금부터 언급하려고 하는 비전이고, 후자의 비전은 그 일에 대한 장래성을 의미한다. 또, 어떤 이는 "꿈과 비전이 있어야 한다."면서 꿈과 비전을 혼용해서 사용하기도 한다. 그러나 비전을 언급할 때는 꿈과 비전은 구분해서 사용해야 한다.

꿈은 막연한 미래를 생각하는 바람이라면, 비전은 구체적인 생각을 글로 적거나 그림으로 그린 것이다. 꿈은 내가 미래에 이루고 싶은 것을 말하는데 내가 되고 싶은 것(be)과 내가 하고 싶은 것(do) 그리고 내가 갖고 싶은(have) 것이라 생각하면 된다.

비전은 이러한 자신의 꿈을 눈으로 확인할 수 있도록 글이나 그림, 영상으로 생생하게 표현하여 시각화한 것이다. 미래의 청사진이요, 자신이 추구하는 바람직한 미래상이다. 비전이란 단어의 어원이 '보다(see)'에서 나왔듯이 눈으로 보이듯이 생생하게 자신의 꿈을 정리한 것이라고 보면 된다. 그리고 비전에는 나아갈 '방향'과 '기간'이 표현되어 있어야 구체화 된다.

"구체적인 비전은 구체적인 결과를 가져오지만, 막연한 비전은 막연한 결과를 가져오는 것이 아니라 아무런 결과를 가져오지 않는다."는 말이 있다. 그래서 비전은 구체적이어야 할 뿐 아니라 기간까지 명시되어야 한다.

꿈이 먼저일까, 비전이 먼저일까?

꿈을 생생하게 시각화한 것이 비전이라고는 하지만, 사실은 비전이 먼저여야 한다. 왜냐하면 비전에는 삶의 방향이 포함되기 때문이다. 그 방향은 내가 살아야 하는 이유, 즉 삶의 목적을 말한다. 방향이 정해지지 않은 채 꿈만 많이 갖는다고 해서는 설사 그 꿈이 실현되더라도 후회하는 삶이 될 수 있다.

가령, 100억을 버는 꿈을 가졌다고 하자. 100억을 벌려고 한 것은 무엇인가를 이루기 위해서이지, 100억 자체를 벌기 위함은 아니었을 것이다. 100억이라는 꿈은 삶의 수단이나 과정이지, 목적이라고 할 수 없다. 그래서 비전과 일치하지 않는 꿈은 달성했더라도 자신의 삶에는 만족하지 못할 수도 있는 것이다. 그래서 비전 설정이 먼저여야 한다.

비전 설정이 이루어지고 나면 꿈을 기록하기가 쉽다. 방향이 정해졌기 때문이다. 그 방향에 맞는 다양한 꿈을 기록하면 된다. 그리고 그 꿈은 어느 정도 현실을 넘어설 필요가 있다. 현재 자신의 사정과 자신의 환경에 제한되면 그 꿈의 크기가 줄어들기 때문이다.

"우리는 비전을 가져야 한다."라고 하면 자연스럽게 받아들일 수 있지만, 막상 "비전을 갖는다는 것은 구체적으로 어떻게 하는 거지?"라는 물음에 이르면 막연해진다. 나를 비롯한 기성세대들은 그냥 막연히 주어진 일을 하면서 열심히 살아왔지 구체적인 비전을 설정하고 살아온 사람은 몇 되지 않았을 것이기 때문이다. 또한, '개인의 삶에 무슨 비전까지 세워서 살아야 하나?'라는 의문을 가질 수도 있다.

비전이란 개념은 기업에 먼저 들어왔다. 어느 정도 규모를 가진 회사는 대부분 비전, 미션, 전략, 목표 등을 설정하고 직원들이 한 방향으로 나갈 수 있도록 하고 있다. 처음 기업을 설립하여 구성원이 몇 명 되지 않을 때는 회사의 미션과 비전에 대해 정해 두지 않더라도 구성원들이 같은 생각을 하고 한 방향으로 일하는 것이 어렵지 않다.

그러나 회사가 성장하여 인원이 증가하고 부서가 많아지면 구성원을 한 방향으로 이끌기가 쉽지 않게 된다. 또한, 회사의 규모가 커지고 취급하는 업종이 다양해지면서 초창기에 설정했던 비전을 변경할 필요도 생긴다. 그래서 대부분의 기업들은 구성원들이 함께하는 워크숍을 통해 기업의 가치와 비전, 미션을 도출하여 그들이 그 조직에 몸담는 이유를 확인하고, 함께 만든 비전을 공유하고 일하게 된다. 이렇게 설정된 기업 비전은 다양한 구성원들에게 그 기업의 미래상을 보여주고 함께 도전해 나가는 방향타 역할을 함으로써 기업에 많은 도움이 되고 있다.

그렇지만 개인 레벨의 비전 설계는 왠지 어색하게 느껴진다. 하지만 이런 비전설계 작업은 개인의 진로 방향을 설정하고 진로를 명확히 하기 위해서 반드시 이루어져야 하는 절차로서 대학생뿐 아니라 누구라도 개인의 비전을 갖는 것은 자신의 삶을 더 바람직하고 의미 있게 살기 위해서도 중요하다고 하겠다.

개인적으로 나는 과거에 '성공하는 사람들의 7가지 습관'이라는 프로그램의 강사 과정을 이수하면서 개인의 비전과 사명서 등을 작성하여 지금까지 나의 삶에 큰 역할을 한 것을 경험했기 때문에 이 작업의 중요성에 공감하고 있다. 그때 작성한 사명서를 지금까지 살면서 수정해오고 있고, 매주·매월·매년 계획 시에 점검하면서 나의 꿈과 목표를 설정하고 있다. 그때 작성한 사명서를 바탕으로 이번에 나는 현재 시점에서 나의 비전을 다시 작성해 보게 되었다.

"나는 스스로 정의롭고 의미 있는 삶을 추구하면서 주인공의 삶을 살고, 세상 사람들도 그런 삶이 되도록 도와준다. 이를 위해 국내 손꼽히는 진로 지도 전문가, 코칭 전문가가 된다."

이렇게 작성한 후, 앞에서 말한 비전의 요건을 충족하는지 살펴보았다. 미래의 청사진인가, 내가 추구하는 바람직한 미래상인가? 구체적이고 기간 개념이 들어 있는가? 삶의 방향성이 설정되어 있는가?

이런 기준으로 살펴보면 '기간'이 빠졌다. 기간 개념은 나의 비전을 달성하는 꿈 목록이나 목표를 설정할 때 기록할 수도 있겠지만, 이 부분까지 넣어서 작성해 보면 이렇게 된다.

"나는 스스로 정의롭고 의미 있는 삶을 추구하면서 주인공의 삶을 살고, 세상 사람들도 그런 삶이 되도록 도와준다. 이를 위해 65세 이전에 국내 손꼽히는 진로 지도 전문가, 코칭 전문가가 된다."

이런 나의 비전하에 나는 지금까지 가지고 있는 30여 개의 꿈을 다시 정리하고 보완하게 되었다. 내가 가지고 있는 꿈 중 이룬 것도 있지만, 반 가까이는 여전히 진행 중인 꿈이다. 갖고 있는 꿈을 위의 세 가지 기준에서 나눠 보니 대부분은 하고 싶은 것(do)에 해당하고, 되고 싶은 것(be) 몇 가지와 갖고 싶은 것(have) 한두 가지다. 이 중 그룹 계열사 대표이사가 되는 꿈, 교수가 되는 꿈과 책을 출간하겠다는 꿈은 이루어진 것에 해당하지만, 세계 일주와 장학재단 기부, 자유 직업가 등의 꿈은 아직 이루지 못하고 진행 중인 꿈이다. 이제 새로운 비전과 함께 이꿈들도 달성해 나갈 것이다.

목표나 비전을 갖는 것이 중요함을 이야기할 때 미국 예일대생을 상대로 추적조사를 한 결과가 자주 인용된다. 1953년 예일대 생을 상대로 3가지 설문을 했다고 한다. 세워 둔 목표가 있는지? 그 목표를 기록해 두었는지? 그리고 목표 달성을 위해 계획을 세웠는지? 그 설문을 하고 22년 뒤, 이 세 가지 설문에 모두 그렇다고 대답한 3%의 계층이 나머지 97% 계층에 비해 무려 10배에 가까운 소득 차를 보였다고 한다. 부의 징도가 성공의 전부는 아니지만 비전과 목표를, 그것도 기록된 비전과 목표를 갖는 것이 얼마나 중요한지를 말해주고 있는 좋은 사례라고 하겠다.

예일대생의 사례를 들 때 목표라고 했는데, 꿈과 비전이 다르듯이 목표와 비전도 다르다. 목표는 꿈과 비전을 구체화한 것으로 비전을 이루는 디딤돌 역할을 한다. 가령, 에베레스트 산을 등반하는 꿈을 가졌다면 그 높은 산을 등정하기 위해 중간 단계에 설정한 베이스캠프는 목표가 된다. 높은 산을 오르기 위해 필요한 체력 만들기, 유사한 인근 산 정복, 등반을 위한 자금 조성과 같은 것 역시 목표가 될 것이다.

비전의 중요성을 말할 때 흔히 예로 드는 사람은 미국의 마틴 루터 킹 목사다. 킹 목사는 1960년대 흑인 인권운동을 했던 분으로서, 당시 흑인과 백인 사이의 인종차별을 철폐하기 위해 흑인들에게 생생한 비전을 제시한다. "I have a dream."으로 시작하는 그의 연설문에서 그는 "미국이 흑인 어린이와 백인 어린이가 함께 손을 잡고 걸을 수 있는 곳으로 바뀔 것"이라는 비전을 생생하게 군중들에게 전달한다. 여기서 킹 목사가 말한 dream은 vision을 말한다. 그의 비전은 2008년 오바마가 대통령이 됨으로써 완전히 실현된 셈이다. 이처럼 어떤 사람의 비전으로 인해 세상이 바뀌어 가는 것이다.

지금은 당연하게 여기는 여성들의 투표권만 하더라도 민주주의 선진국이라는 영국조차도 1928년이 되어서야 가질 수 있게 되었고, 우리나라 같은 경우 1948년 정부수립 때가 되어서야 겨우 여성들에게도 참정권이 부여되었다. 그 이전까지는 여성들은 남성들에 비해 둔하고 판단력이 떨어지기 때문에 투표권을 줘서는 안 된다는 생각을 가졌었다. 그러나 누군가의 비전에 의해 오늘날 여성들도, 흑인들도 지금은 당연시

되는 권리를 갖게 된 것이다.

또 한 사람은 빅터 프랭클이다. 빅터 프랭클은 유대인으로 히틀러의 유대인 말살 정책에 의해 수용소에 갇히게 된다. 도착하자마자 모든 소지품을 압수당하고 벌거벗은 채 목욕탕이라고 하는 가스실로 들어가 90%가 죽게 되지만 빅터 프랭클은 살아남는다. 그때 자신의 어머니, 아내, 누이는 목숨을 잃지만 프랭클은 그 사실도 모른 채 수용소 생활을 하면서 그는 어떤 일이 있더라도 살아남아 아내를 만나고, 수용소의 비참한 실상을 대학교 교단에서 전달하겠다는 생생한 비전을 갖는다.

매일 매일 끌려 나가 짐승처럼 일을 하다가 병든 자는 가스실로 보내지는 상황이었다. 그는 어떻게든 살아남기 위해 생기 있게 보일 목적으로 깨진 병 조각을 가지고 매일 면도를 하고, 심지어는 피를 내어 얼굴에 바르는 등의 노력으로 수용소에서 풀려나는 순간을 맞게 된다.

생존한 그는 "육체는 내가 마음대로 할 수 없지만 나의 의지와 생각은 내가 허락하지 않는 한 그들 마음대로 할 수 없다."는 로고 테라피 (의미 치료법) 연구로 심리학계의 큰 업적을 이루게 된다. 그의 연구를 쉽게 표현하면 누구나 삶에 대한 의미를 갖고 있는 한 아무리 힘들고 고통스런 상황도 극복할 수 있다는 것을 말한다. 이처럼 든든한 비전은 우리 삶의 방향을 제시할 뿐 아니라 극한 상황에서도 좌절하지 않고 흔들리지 않는 든든한 나침반 역할을 하게 된다.

지금은 당연하게 사용하고 있는 퍼스널컴퓨터도 마이크로소프트 빌게이츠의 "모든 가정에 하나의 컴퓨터를."이라는 비전으로부터 실현되었다고 볼 수 있다. 내가 처음 직장생활을 할 때만 하더라도 지금 개인이 가진 휴대폰보다 낮은 성능과 용량의 컴퓨터를 기업에서, 그것도 여러 명이 공유하면서 사용했다. 지금은 그보다 훨씬 성능이 좋고 큰 용량의 컴퓨터를 집집마다 여러 대 갖고 있을 뿐 아니라 개개인이 포켓에 넣고 다니는 세상이 되었다. 이 또한 누군가의 비전에 의해서 그렇게 된 것이다.

이처럼 생생한 비전을 갖는 것은 나의 삶은 물론이고 세상을 바꾸는 시발점이 되기도 한다.

앞서 말했듯이 제대로 된 비전을 갖는 것은 새로운 탄생에 해당한다. 그렇게 설정된 비전하에서 많은 꿈을 꾸고 그 꿈을 적어보자. 그리고 목표를 설정하고 하루하루 실천해 나가자. 어느덧 나의 비전과 꿈들은 현실이 되어 있을 것이다.

끈질긴 꼬리표

최근 결혼식장에서 한동안 뵙지 못했던 직장 선배를 거의 20년 이상 지나서 만났다. 그 선배는 같은 대학을 분으로 큰 몸집에 성격도 시원시원해서 후배들을 편하게 해준 분으로 기억에 남아 있다. 지금은 서울 서부 연구개발 단지로 한창 분양시장이 달궈져 있는 중심 자리에 부동산 사업을 하면서 꽤 성공을 하고 여유 있는 만년을 보내고 있었다. 나보다 7년이나 연배가 높은데도 나이도 별로 들어 보이지 않고 활기차 보여 좋았다.

그런데 그분이 오래간만에 나를 만나 몇 가지 안부를 물은 후, 첫 번째 한 얘기가 "**야, 내가 대학 중퇴 후 20년이 지난 뒤에서야 다니던 학교를 마치려고 지방에 2년이나 머물면서 졸업했다."고 했다. 그분은 4년제 대학에서 2년만 마치고 다른 일을 하시다가 경력 사원으로 내가 대학 졸업 후 처음 몸담았던 직장에 입사했던 분이었다.

우리는 그냥 직장 내 같은 학교를 나온 선배로 알고 지냈지만, 대학 중퇴 학력이 직장 내에서 꼬리표처럼 달려 그분을 괴롭혀 온 것이었다. 결정적으로 학업을 마치기로 결심한 것은 직장에서 상사가 자신을 지방으로 내려 보내면서 지방 파견을 마친 후 처우 등을 이야기하다가 이력서를 보며 한 말 때문이었다. 상사는 "자네, 학교를 다 마치지 못했나

보네…"라고 했다고 한다.

이분의 그런 행동은 나이가 들어서도 배움의 열정을 불태운다는 긍정적인 의미보다는 대학교 학력을 마치지 못한 데 대한 콤플렉스에서 출발했다고 볼 수 있다. 어쩌면 다른 사회에서는 콤플렉스 되지 않는 것이 우리 사회가 만들어 놓은 콤플렉스일 수도 있지만, 사람들은 그 사회 속에서 살기 때문에 초연하기 힘들다.

그렇지 않은 사람들도 많겠지만 고졸 학력을 가진 분들은 그들대로, 또 전문대 학력을 가진 분들은 또 그들대로 대학 졸업을 못한 것에 대한 콤플렉스를 갖는다. 우리 사회가 학력으로 사람을 판단하는 선입견이 있기 때문일 것이다. 그래서 고졸 학력을 가진 분에게 "학교에서 전공은 뭘 하셨나요?"란 질문은 상대가 크게 당황하도록 만들고 그것 또한 그들에게 콤플렉스를 만드는 원인이 되기도 하는 것 같다.

고졸 신화란 말이 있다. 어렵던 시절 상고나 공고를 졸업해서 조직에서 크게 성공한 사람을 그렇게 부른다. 고졸 신화의 주인공들의 현재 학력들을 보면 대부분 직장생활을 하면서 공부를 해서 대학을 나왔을 뿐 아니라 상당수의 사람들은 박사 학위를 가지고 있다. 이미 그들은 고졸이 아닌데도 당시 대학졸업을 하지 않았다 해서 그렇게 부른다. 그만큼 우리 사회에서는 대학을 졸업하지 않은 채 성공하기 어려움을 반증하는 말이고, 당시 대학을 못 갔으면 나중에라도 가방끈을 늘리지 않으면 조직에서 성공하기 힘듦을 반증하고 있다.

학력은 학사, 석사, 박사로 이어지는 가방끈 길이를 의미하는 학력뿐 아니라 SKY와 같은 어떤 수준의 대학을 졸업했느냐의 여부가 미치는 영향도 만만치 않다. 어쩌면 이게 사회에서는 더 크게 작용하는 것 같다. 어떤 학교를 졸업했느냐가 그 사람의 지능과 능력 수준을 의미한다고 보기 때문이다. 상위권의 좋은 대학을 나온 것은 그만큼 학습 능력이 뛰어난 것을 의미할 뿐 아니라 이미 이 사회의 상류층을 형성하고 있는 그 내부 집단에 들어간다는 것을 의미하기 때문일 것이다. 그래서 기를 쓰고 상위권 좋은 대학을 들어가려고 하는 것이다.

한편, 사회에서 말하는 좋은 대학을 졸업하지 못한 사람은 다시 가방 끈을 늘려서라도 그 부분을 희석하려고 한다. 나 역시 그런 부류(?) 중 한 사람으로 분류할 수도 있다. 그렇지만 처음 나온 학교 수준에 의한 꼬리표 역시 평생 자신을 따라 다니며 콤플렉스로 작용한다. 우리 사회가 그렇게 사람을 보기 때문이다.

나
는

누
군
가
?

대기업에 실장급 보직을 맡고 있는 여성 후배 간부가 자신의 아들에 대한 얘기를 들려줬다. 아들은 인서울은 못 했지만 자신이 원하는 지방의 모 대학 수학과에서 열심히 재학 중이었는데, 학교를 보내고 난 뒤에도 후배는 아들을 좀 더 나은 대학에 보내고 싶은 마음에 계속 아들에게 편입학이나 재수 등을 권했다고 한다. 그러던 어느 날 아들의 한마디를 듣고는 모든 것을 내려놓았다고 한다.

"엄마, 내가 창피해?"

아들은 나름대로 현재 다니는 대학에서 자신의 꿈을 위해 최선을 다하고 있는데 엄마가 자꾸 미련을 버리지 못하고 있으니 아들이 엄마의 가슴에 콕 박히는 말을 던져버린 것이다.

나는 이 얘기를 듣고 울컥했다. 정확하게 그 이유가 생각은 나지 않지만, 그 아들의 당당한 모습이 너무 대견해 보였고 엄마의 태도 또한 이해되었기 때문이었던 것 같다.

나는 학력에 목을 매는 우리 사회의 모습은 벌이 구조와 맞물려 있다고 생각한다. 변화하고 있다고는 하지만 여전히 많이 배우고 좋은 학교를 나오면 그만큼 안정적인 직장과 안정적인 수입의 기반이 되기 때문이다. 다른 사회도 그렇겠지만 특히 우리 사회가 더 심한 것 같다. 또한, 제대로 배우지 못해 한이 된 우리들의 부모님과 선배 세대들의 트라우마도 큰 영향을 미쳤을 것이다.

사회는 점점 더 다양화되고 복잡화되고 있는 가운데 사람의 다양성이 벌이가 되는 시대가 되고 있다. 새로운 시대에도 지적 능력이나 학력이 무시되지는 않겠지만 그것만으로 인정받는 세상은 아닐 것이다. 다시 말해 단순한 학습 능력만으로 인정받는 시대는 멀어져 갈 것이다.

가방끈을 늘이는 것이 아닌, 지적 능력과 상위권 대학에 입학하는 능력은 어느 정도 타고나는 능력이다. 타고난 능력은 내가 발버둥을 친다고 크게 바뀔 수 있는 게 아니다. 부모로부터 받은 유전자 능력이기 때문이다. 이미 정해진 이 능력이 없다고 해서 내 삶을 콤플렉스 안에 갇히게 하는 것은 슬픈 일이다.

원칙적으로 학력은 과시의 수단이 아니라 평생을 살면서 필요할 때 갖추는 삶의 도구가 되어야 한다고 생각한다. 타고난 지적 능력으로 젊은 시절 갖게 되는 학력만으로 평생을 보장받게 되는 것은 건전한 사회

구축 차원에도 맞지 않다. 그렇더라도 자신을 둘러싼 사회가 변하지 않는다고 하소연만 하고 있을 수는 없는 일이다. 스스로 그런 사회에 의해 좌우되지 않도록 우뚝 서는 수밖에 없다.

끈질긴 꼬리표, 나의 의식 성장으로 주인공의 삶을 추구한다면 서서히 끊어버릴 수 있다고 믿는다. 길고 높은 학력을 가진 사람을 진심으로 존중해 주면서도 자신 또한 필요함을 느낄 때면 언제든지 새로운 배움에 즐겁게 도전하는 자세가 필요하다.

'진로야, 나오너라!'

대학 기간 동안 나의 진로를 생각해야 합니다.
진로에 대한 고민은 빠를수록 좋습니다.
진로 탐색을 위한 몇 가지 지혜를 나눕니다.

- 트렌드를 파악하자
- 어떤 직업이 뜰까?
- 진로를 결정해보자
- 진로 갈등을 잘 극복하자
- 정보는 어디서 구할까?

흐름을 안다는 것은…

진로와 비즈니스 흐름(트렌드)과는 어떤 관계가 있을까?

비즈니스 트렌드를 안다는 것은 다른 말로 하면 "앞으로 어떤 업종이 뜰까?" 하는 질문에 대한 답이기 때문에 보다 전망이 밝은 진로를 선택하는 과정의 하나가 된다.

1980년 후반에 직장 생활을 시작해서 현재 50대 중후반이 된 직장인들은 대부분 한 번쯤은 주식 광풍에 휩싸였을 것이다. 마침 일어난 벤처 붐으로 벤처 무늬가 들어간 기업이면 기업의 성장성이나 수익성과 같은 것은 따지지 않고 무조건 투자를 했고, 어떤 주식은 상장도 하기 전에 주가가 몇 배씩 오르던 시절이었다. 그땐 정말 아무 주식이나 사도 주가가 올랐다. 지금은 보기 힘든 곳곳의 증권회사 창구에서는 소문만 듣고 와서 사야 할 종목도 모른 채 그냥 "주식 ***원어치 주세요."라고 하던 사람들도 있었다고 한다. 그런 호시절을 보냈지만 나를 비롯해 주식으로 돈을 번 사람들은 별로 없는 것 같다.

우리들 세대가 모이면 가끔 하는 얘기들이 있다. "그때 그 주식만 갖고 있었더라도 000억대 부자가 되었을 거야." 그 당시 소속된 기업에서 우리사주 형태로 제공 받은 주식으로 자연스레 주식시장에 뛰어든 대부분의 샐러리맨들이 하는 푸념이다. 그렇지만 실제로 그렇게 거부가 된 사람은 찾기 어렵다.

단기간에 어떤 회사의 주식이 오를지를 판단하는 일은 주식 전문가의 일이다. 개인이 주식투자하는 사람을 개미라고 부르는데 개미들이 하루 종일 주식 추이를 바라보며 연구를 하는 증권회사 전문가들이나 전문적으로 투자하는 기관 투자가를 이길 수는 없다. 개미들이 돈을 버는 경우는 운이 좋았거나 최고급 정보를 가질 수 있는 위치에 있기 때문이었을 가능성이 높다고 생각한다.

그렇지만 10년, 20년 이상의 장기 투자로 가면 이야기는 달라진다.

장기간 투자로 바뀌게 되면 주식 관련 전문 능력으로 투자하는 것이 아니라 흐름에 투자하는 것이 되기 때문이다. 앞으로 어떤 산업분야가 뜨게 될지를 판단하고 그 산업분야를 이끄는 주식에 투자를 하는 것이기 때문에 개인도 얼마든지 승산이 있다고 보는 것이다. 가령 미래에는 3D프린터가 어지간한 물건들은 다 생산할 수 있을 것이고 무인자동차 시대로 진입하는 것도 시간의 문제이지 분명 그렇게 될 것이라 생각한다. 이런 분야의 좋은 주식에 투자해 두면 10년 20년 뒤에는 분명히 큰 가치로 돌아올 것이라는 데 의문을 가질 사람은 별로 없을 것이다(그렇지만 행동으로 옮기기는 쉽지 않다. 여윳돈이 있어야 하고 장기간 동안 기다려야 하기 때문이다).

학생들의 진로가 그렇다. 단기간이 아니라 10년 이상의 장기간의 미래를 생각하면서 진로 방향을 결정하는 것이 바람직한 결정이라고 할 수 있다. 그래서 비즈니스 트렌드를 파악하고 장래에 유망한 분야로 진로를 결정할 수 있어야 한다.

실제 같이 직장생활을 했던 후배들 중에는 이런 흐름을 알아 대박을 터뜨린 사람들이 있다. 지금으로부터 30여 년 전 인터넷이 막 도입되기 시작할 때이다. 이때 몇몇 직원은 지금은 너무나 당연하게 생각하는 인터넷으로 물건을 사고 파는 세상이 올 것 같다며 회사 내에 소사장 제도를 이용하여 사업을 하겠다고 했다. 대부분 당시 직장인들은 자신의 업무에 집중하느라 세상의 흐름에 뒤따라가기도 바빴으나 이런 직원들은 앞으로의 흐름을 읽고 인터넷 상거래 사업을 시작했고 그것이 지금의 인터파크 그룹을 일구는 결과를 만들었다.

또 직장 내 연구소에서 근무하던 한 후배는 앞으로 인터넷 상거래가 활성화되면 사이버상에서 지불 결제가 이루어질 것이므로 인터넷 상에서 결제를 처리하는 회사를 만들겠다며 독립해 나갔다. 그것이 사이버패스란 회사가 되고 이 회사를 주도했던 후배는 회사를 처분하고 엄청난 자산가가 되어 모 대학 교수로 후진을 양성하고 있다. 이들은 흐름을 먼저 알고 행동으로 옮겨 미래의 비즈니스를 창조한 사람이 된 것이다.

1년 미만의 트렌드는 유행이라고 할 수 있고, 3년 정도 되면 마이크로 트렌드, 10년쯤 되면 메가트렌드 그리고 그 트렌드가 30년쯤 지속하면 하나의 문화가 되었다고 할 수 있겠다. 이런 트렌드를 아는 것은 사업의 성공에 직결되는데 가령, IMF와 함께 직장에서 나온 수많은 퇴직자들로 인해 급성장하게 된 프랜차이즈 비즈니스는 그 주기가 3년쯤인 마이크로 트렌드에 해당할 것이다. 그런 트렌드를 고려한다면 프랜차이즈 사업은 3년 단위로 바꿔야 성공할 가능성이 높아지는 것이다.

이러한 비즈니스의 흐름을 파악하기 위해서 다양한 분야의 정보에

밟아야 한다. 직업전문가나 미래학자의 조언이나 책도 큰 도움이 되겠지만 스스로 경영과 경제에 관한 기본 지식을 습득하고 있어야 하며, 신문과 정기적으로 발간되는 잡지를 구독하고(온오프라인 활용), 자신이 관심을 갖는 분야에 대해서는 최신정보가 정기적으로 업데이트되어 있어야 한다. 이처럼 스스로 미래를 예측하고 산업의 부침을 판단하는 것은 여러 분야의 공부가 필요할 뿐 아니라 늘 최신의 정보를 주시하고 있어야 하는 어려운 일이다. 트렌드 전문가가 제시한 트렌드를 형성하는 요인은 다음과 같다.

인구 통계 변화

사회문화적 변화

정치적 이슈

소비자의 진화

경제·경영 화두

환경적 이슈

신기술과 신제품 동향

유명 미디어 이슈

경제연구소 리포트

트렌드 관련 서적

트렌드 전문 웹사이트, 블로그

트렌드와 미래 관련 잡지, 텔레비전 프로그램 등

이러한 각 분야에서 나오는 이슈들을 융합하여 볼 수 있는 눈을 가져야 트렌드가 보이기 시작한다. 이러한 정보를 갖더라도 늘 문제의식을 가지고 그 자료를 파악할 수 있어야 트렌드를 읽을 수 있다.

가령, 우리나라의 노령 인구는 늘고 출산율이 주는 그래프를 보고 미래에 미치는 영향을 생각해낼 수 있어야 하며, 지구 온난화 기사를 보고도 미래에 어떤 분야가 뜰 것이며 직업에는 어떤 영향을 미칠지를 생각해 낼 수 있어야 하는 것이다.

피터 드러커는 "미래를 예측하는 가장 좋은 방법을 미래를 창조하는 것이다."라고 했다.

이 말은 트렌드를 알게 되면 트렌드에 따라 가는 것이 아니라 앞에서 예를 든 후배들처럼 트렌드를 주도하게 된다는 의미일 것이다.

지금 잘나가는 분야가 언제 없어질지 모르는 속도의 시대에 살고 있다.

그렇더라도 노력하면 그 속에서도 흐름을 읽을 수 있을 것이다. 전문가의 조언도 듣고 관련 정보도 활용하여 미래가 유망한 분야의 진로를 찾아보자. 노력한 만큼 트렌드를 주도하며 살고 있는 나를 발견하게 될 것이다.

유망한 분야가 중요한 것은 사실이긴 하지만, 이런 생각도 해 볼 필요가 있다.

나의 경험에 따르면, 모든 사람이 유망하다고 하는 분야에는 자리도 많지만 경쟁도 치열하다는 사실이다. 오히려 부각되지는 않지만, 미래에도 여전히 사리의 한 구석을 지키고 있는 직무, 일자리가 그야말로 좋은 일자리라 생각하게 된다. 마케팅 논리로 말하면 니치마켓이다. 미래

의 트렌드를 파악하되 여기까지 생각하고 진로를 결정하면 금상첨화라
하겠다.

뜨는 직업, 지는 직업

앞으로 어떤 직업이 뜰까? 이 주제에 대한 고민은 미래 우리 사회의 역군이 될 학생들뿐 아니라 학부모들에게도 중요한 관심사다. 그뿐만이 아니다. 빨리 변하는 세상 속에서 정신없이 하루를 보내는 현역들에게도 무관한 주제라 하기 어려울 정도로 우리에게 민감한 주제이기도 하다.

이처럼 모두의 관심사인 주제를 몇 권의 책과 자료로 정리하는 것은 쉽지 않겠지만, 이런 과정을 통해서 조금씩 현실에 더 다가가고자 하는 차원에서 지금까지 보고 들은 내용을 토대로 정리해 보고자 한다.

이 주제에 대한 논란에 불을 당긴 역할을 한 것은 아마도 2016년 1월 세계경제포럼에서 '4차 산업혁명'을 정의하면서 발간한 보고서에서 앞으로 5년간 선진국에서 510만 개의 일자리가 사라질 것이란 예측을 접하면서부터인 것 같다. 같은 보고서에서 세계의 7세 어린이 중 65%는 현재 존재하지 않는 직업에 종사할 것이라고 했다. 이 보고서가 나온 뒤 얼마 안 되어 우리나라 서울에서 있었던 이세돌과 알파고의 대결에서 인류의 기대를 저버리고 알파고의 승리로 끝나면서, 인공지능과 로봇이 차지하게 될 미래의 일자리에 대한 막연했던 불안감이 현실로 다가오게 되었다.

그 이후로 4차 산업혁명이란 단어가 들어간 제목의 강의들이 넘쳤고 그 강의 속에는 빠짐없이 미래 직업에 대한 예측이 포함되었다. 강의마다 여러 근거를 대며 4차 산업혁명 시대의 도래와 함께 인공지능과 로봇에게 대체될 일자리와 그 시대에도 여전히 건재할 또는 새로 생겨날 일자리에 대한 예측을 하곤 했다.

논의 전에 우선, 우리나라에 있는 사람들의 직업 숫자가 얼마나 되는지 알아보자.

이십 분 정도의 시간을 주고 알고 있는 직업을 적어보라고 하면 아마 100가지는커녕 30~40개 이상 적기도 힘들 것이다. 한국 직업사전에 의하면 2017년 현재 수록된 직업이 1만 개가 넘는다. 정확하게 11,993개라 한다.

1만 개가 넘는 직업이 존재하지만 우리는 우리 머릿속에 있는 10개에서 20여 개의 직업군을 가지고 진로 고민을 하고 있는 셈이다. 이렇게 많은 직업이 있다는 것을 얘기하면 잠시 놀랄 뿐 자신의 생각 밖의 직업은 찾아볼 생각도 하지 않고 다시 30~40여 개의 직업군에서 진로 탐색을 하게 된다. 어찌 보면 우리들의 머릿속에 맴도는 직업군은 누구나 알고 있는 직업군으로, 상대적으로 경쟁이 높은 직업군으로 볼 수도 있다. 그래서 진로의 범위를 넓히는 차원에서 한번 살펴보아야 한다.

우리나라 직업 역사를 보게 되면 그 시대에 새로 생겨난 직업들이 있는 반면 사라지는 직업들도 있다. 또 어떤 직업은 꾸준히 인기가 있는 직업이 있는가 하면, 시대 상황에 따라 그 인기가 높아졌다 낮아졌다 하는 직업들도 있다. 이런 트렌드를 잘 예측할 수 있다면 전망 있는 직업을 택할 가능성을 높일 수 있다.

우리나라가 직업사전을 발간한 1969년(직업 수 3,260개)부터 2017년(직업 수 11,993개) 지금까지 소멸된 직업과 새로 추가된 직업을 보면 제조업 관련 직업은 줄고 서비스 관련 직업은 증가하고 블루칼라는 줄고 화이트칼라는 증가하였다. 또한 생산직은 줄고 전문직은 증가하였다. 사라진 직업의 대다수는 기계화, 자동화로 사람을 대체한 직업들이었다. 이 정도의 분석은 내용을 보지 않더라도 충분히 이해할 수 있는 변화라고 할 수 있다.

결과적으로는 전체 직업 숫자가 늘었다는 사실이다. 기계화와 자동화로 인간의 많은 일자리를 앗아 간 것은 사실이지만 새로운 분야에 더 많은 일자리가 생겨온 것이다. 그렇기 때문에 사라진 일자리를 감안하더라도 일자리는 매년 더 증가하고 있었던 것이다. 당연히 직업 종류만 증가한 것이 아니라 절대적인 직업 종사자 수도 지속적으로 증가해 왔다는 것을 확인 할 수 있다.

사라진 직업 중에 언뜻 생각나는 직업을 생각해 보자. 전화교환원, 버스안내양, 열차검표원 등이다. 이들의 직업은 기계가 대체해 버렸다는 것을 알 수 있다. 이들 직업이 사라지는 대신 새로 생긴 직업들은 어떤 직업이 있을까? 전화교환을 대체한 전자교환기를 개발하고 운영하는 사람, 버스안내양이 하던 일을 대체하는 차표 수집기 또는 교통카드와 교통카드를 인식하는 장치를 개발하고 운영하는 사람, 열차검표원을 대신하는 열차 운영 시스템을 개발하고 운영하는 직업과 종사자가 생겼다는 것을 알 수 있다. 이런 관점에서 4차 산업혁명 시대에도 별 문제가 없을 것이라는 시각이 있다.

　이들은 인류 역사상 늘 알파고는 있었다는 주장이다. 산업혁명 시대에는 방직기계, 증기기관과 같은 기계가 농민들의 일자리를 대체하는 알파고였고, 3차 산업혁명에는 인터넷과 컴퓨터가 공장의 일자리를 대체하는 그 시대의 알파고였다는 것이다. 인간의 기능을 대체하는 산업혁명이 일어날 때마다 사라지는 일자리에 대한 두려움으로 기계 파괴운동, 컴퓨터 데모가 있어 왔지만, 결과적으로 인간은 농장에서 공장으로 공장에서 서비스로 생겨난 더 많은 일자리로 인해 문제가 없었다는 것이 낙관론자들의 논리다.

　이뿐 아니라 로봇이나 물류 수송의 일자리를 위협하는 드론으로 인해 고임금 일자리가 창출될 것이며 딜로이트 같은 컨설팅기관은 신기술의 등장으로 노동시장이 축소되는 것이 아니라 이전에 없었던 직업군을 만들어 내고 있다고 주장하고 있다. 최근 중국만 하더라도 세계 로봇의 25%를 구매했지만, 로봇이 중국의 노동시간에 영향을 미친다는 자료는 보고되지 않고 있다며 낙관론의 근거로 말하고 있다.

　그렇지만 부정적인 시각이 더 설득력을 갖는 이유가 있다. 이전까지는 인간의 육체를 사용하는 부분을 기계가 대체하면 인간은 서비스를 하는 쪽으로 이동했기 때문에 새로운 일자리가 생겨왔지만, 4차 산업혁명 시대에서 인공지능과 로봇은 인간의 서비스 업무를 대체해 가고 있기 때문에 인간이 설 자리가 없고, 인간이 해야 할 일이 근원적으로 사라진다는 주장이다. 실제 데이터로도 이 현상이 증명되고 있다.

지금까지 인간이 기계로 대체되면서 노동생산성이 계속 증가해 왔다. 그리고 낙관론자의 말대로 고용 역시 계속 증가해 왔다. 그것은 앞서 말한 것과 같이 제조업 중심의 육체노동이 필요한 일자리에서 서비스 분야의 일자리로 이동이 되어 왔기 때문이다. 그렇지만 이런 현상에 브레이크가 걸렸다. 노동생산성은 계속 증가하지만 21세기 들어 고용, 즉 일자리는 하락으로 돌아섰기 때문이다. 이 말은 서비스 부문 일자리에도 로봇과 같은 기계가 대체하기 시작했다는 의미다.

4차 산업혁명 시대의 도래로 인간노동력이 핵심이었던 일자리는 인공지능과 로봇으로 인해 고효율 저비용 현상이 더욱 가속화 될 것이고 이로 인해 인간의 노동 가치는 계속 추락하게 될 것이다. 인간의 가치와 효용이 줄게 되면서 인공지능과 로봇을 설계하고 개발하는 사람과 관리자, 그리고 이들을 지시하며 함께 일하는 사람으로 양극화 현상이 일어날 것이며, 이는 인간의 대량 실업 사태로 이어질 수도 있다는 것이 비관론자들의 주장이다.

낙관론자이든 비관론자이든 미래의 상당수의 일자리는 인공지능과 로봇으로 대체될 것이므로 그들이 대체하기 힘든 직업에 대한 논의가 활발한 것은 당연하다고 하겠다.

세계 경제 포럼에서 제시한 로봇이 대체하기 힘든 직업과 정부에서 제시한 일자리 전망 그리고 각종 미래 예측기관에서 사라질 직업에 대한 고위험 직군과 저위험 직군에 대한 전망을 토대로 미래의 일자리에 대한 예측을 해보자. 아래 내용은『잡킬러(차두원, 김서현 지음, 한스미디어)』내용을 주로 활용하여 정리하였다.

진로야, 나오너라!

자동화와 기계화로 대체 가능성이 높은 직업을 예로 들면, 콘크리트공, 정육원, 제품 조립원, 청원경찰 등이다. 그리고 로봇의 대체 가능성이 높은 직업은 텔레마케터, 회계사, 소매점 계산원, 속기사, 통번역가, 단순 제조업 종사자 등이다. 또한 자율주행차와 드론의 등장으로 생각해 보면 물류와 수송업에 종사하는 사람들의 직업 상실이 눈에 보이고 은행원, 기자, 의사, 변호사의 직업도 로봇이 깊숙이 침투해 오고 있는 직업군이다.

반면, 저위험 군에 속하는 직업들은 다음과 같다.

첫째는 창의력과 기획력이 요구되고 새로운 가치를 창출하는 직업군이다. 예를 들어 예술가, 건축가, 디자이너, 작가, 안무가, 배우, 인문사회 과학자 등이라 한다.

두 번째는 대인관계가 필요한 직업으로 사람 간의 의사소통이 빈번해 높은 사회적 지능과 정서적 교감 능력이 중요한 직업군으로 간호사, 보모 등을 들 수 있고,

세 번째는 업무가 비정형적이며 고도의 손재주를 필요로 하는 분야로 요리사, 정원사, 수리공, 목수, 치과 의사 등이 되겠다.

네 번째는 문제해결 능력으로 통찰력, 전략적 사고, 직관력 등을 통해 판단해야 하는 경영인 등의 직업군은 계속 존재할 것이라고 한다.

비슷한 기준을 제시한 옥스퍼드대학 교수 칼 프레이와 마이클 오스본은 레크리에이션 치료사, 기계 정비·설치·수리관리자, 재난관리 감독관, 정신·약물 치료 사회복지사, 청각학자, 작업치료사, 의지장구사, 헬스케어 사회복지사, 구강악 안면외과 전문의, 소방 관리자 등이 로봇과

인공지능에 의해 대체 위험이 낮은 직업으로 제시하고 있다.

고용노동부에서 향후 직업세계의 7대 전망도 4차 산업혁명에 따르는 변화를 기본 틀로 하고 있다.

4차 산업혁명을 선도하는 기술직의 고용 증가

4차 산업혁명의 핵심 인재를 중심으로 인력의 재편 가속화

기계화·자동화로 대체 가능한 직업은 고용 감소

고령화·저출산 등으로 의료·복지 관련 직업의 고용 증가

경제 성장과 글로벌화에 따른 사업 서비스 전문직의 고용 증가

안전 의식이 강화되면서 안전 관련 직종의 고용 증가

기존 업무에 ICT 스킬이 융합된 업무 증가

정부는 4차 산업혁명을 화두로 큰 방향을 제시하고 있고, 복지, ICT, 의료, 안전 분야에서 일자리가 늘어날 것을 예상하고 있고, 기계화 자동화로 대체 가능한 직업의 고용은 감소할 것이라고 한다.

미래에도 여전히 살아남을 직업을 미리 알고 대비하는 것은 중요하다고 하겠다. 여러 기관이나 전문가가 예측하는 미래 직업에 대한 생각은 대부분 일치하지만 그렇지 않은 직업들도 있다. 예를 들면, 약사, 법률가 같은 직업들이다.

이런 직업들은 어느 관점에서 보느냐에 따라 로봇이 대체할 수도 있고 그렇지 않을 수도 있다. 그래서 직업의 문제가 아니라 '작업'의 문제다. 그 직업에서 어떤 작업을 하느냐 하는 것이 중요하다. 가령, 약사의 경우 이전처럼 병원에서 나오는 약을 조제하는 역할에만 그친다면 그

일이 당연히 대체되겠지만 요즘 약사회에서 광고하는 것처럼 가족 주치 약사 개념으로 변신한다면 얼마든지 살아남을 수 있는 직업이 되는 것이다.

그리고 위에서 비교적 로봇이 침범하기 힘든 인간의 영역이라 했던 창의성의 독보 영역인 예술, 음악, 미술까지도 인공지능의 로봇이 침범하고 있다. 로봇이 그린 그림과 작곡한 음악이 고가에 거래되고 있고, 일본에서는 사이버 가수가 등장하여 수천 명의 관객을 끌어 모으고 있다. 과거는 3D(Dirty, Danger, Difficult) 영역에서 로봇이 쓰였다면 지금은 3I(Instinct, Interesting, Intelligent) 영역으로 침범하고 있어 미래의 일자리에 대한 예측은 그만큼 쉽지 않은 것이다.

학과 관점에서 보면, 우리나라 문과 인력은 남아돌고 공과 대학 인력은 공급이 부족하다는 얘기를 많이 들었을 것이다. 실제 대기업에서는 취업자의 70~80%까지 이공계 위주로 채용하고 있다. 그런데 앞으로 인공지능과 로봇 시대에는 인문 사회 과학자들이 살아남을 수 있다고 한다. 이런 미래를 생각하면 현재 우리나라의 인문 사회 과학 분야의 정원 감축 정책이 바람직한 것일까 하는 의문도 든다.

이상과 같이 미래 직업에 대한 예측도 관점에 따라 서로 엇갈린다. 그렇지만 이런 정보를 접하다 보면 대략의 방향성은 볼 수 있다. 무엇보다 영원한 직업은 없고 지금 예측한 것이 완전할 수도 없다는 사실을 받아들여야 한다.

그렇지만 분명한 것은 변한다는 것이다. 그 변화를 읽고 변화를 즐기는 사람은 어떤 직업에 종사하고 있더라도, 설사 사라질 직업에 종사하고 있었다 하더라도 그 사람은 같은 직업에서 새로운 작업을 하고 있거나 새로운 직업에서 새로운 변화를 즐기게 될 것이다. 문제는 변화를 거부하는 사람들이다. 그런 사람들은 자신이 택한 직업이 사라질 것이라고 아무리 외쳐도 듣지 않고 고집하다가 반항할 것이며 결국은 그 흐름 속에 묻혀버릴 것이다.

결국 어떤 직업을 택하느냐보다는 어떻게 변화를 즐기고 주도하며 살 것이냐는 고민이 먼저라는 생각이 든다. 그렇게 하는 동안 직업의 변화도 자연스레 읽혀질 것이다.

공시족 열풍 사회

"이제 좀 쉬면서 편하게 살고 싶다."

"복권이라도 되면, 내가 이 짓(?) 안 한다."

열심히 살아온 50대 후반쯤 되는 남성이라면 상당수의 사람들은 한 번씩 이런 생각을 하게 된다. 다르게 얘기해서 50대 중후반의 직장인이 지금 당장 몇십 억의 돈이 생긴다 하면 현재 하고 있는 일을 계속할 사람은 거의 없을 거란 얘기다.

이런 전제를 해 보면, 사람들은 기본적으로 일을 통해서 자기실현을 해 가는 존재란 말이 무색해진다. 이 말은 마치 자본주의의 이데올로기에 의한 주문같이 들린다는 말이다. 왠지 그 주문에 걸려 현재 구조를 받아들이고 열심히 일하게 만드는 조종처럼……

그럼에도 불구하고 여전히 나는 사람은 일이 있어야 하고, 그 일을 통해 죽을 때까지 자아실현을 해 나가야 하는 존재라고 믿고 싶고 또 그런 주장도 한다.

한 달 정도 유럽 지역의 한곳에 머물다 온 적이 있다. 공부하러 갔기 때문에 그 짧은 기간 동안 그들의 생활 실상을 깊이 느꼈다고 보기는 힘들겠지만, 거기서 느끼는 스트레스와 속도감은 한국에서 느끼는 그것과는 확연히 달랐다. 하지만 인천공항에 도착하자마자 눈앞의 사람들이 바빠 어딘가를 향해 뛰어다닌다는 느낌이 들 정도로 속도감이 느껴졌다.

바쁜 직장생활 속에 있을 때는 그 속도감을 느끼지 못했다. 그냥 하루하루를 채워 나가면서 달렸을 뿐 그럴 시간이 없었다. 그런데 유럽에서 느끼는 그 느낌은 달랐던 것이다. 그들이 나이 들어서도 자신의 일을 사랑하고 즐기는 이유를 어렴풋이 짐작할 수 있었다

최근에 외고에서 수위를 다투던 학생이 대학 가서도 그리고 졸업 후 사회에 들어가서도 우리의 그 치열한 경쟁 속에 들어가기 싫어서 자퇴를 하고 9급 공무원 시험을 봐서 토목직에 합격하여 사회생활을 시작했다는 뉴스를 접했다. 어떤 사람은 이 기사를 보고서는 젊은 사람이 패기도 없고 도전의식이 없다고 할 수도 있겠다. 또 어떤 사람은 요즘 젊은이들은 우리들 때와는 달리 너무 편하게 살려 한다고 비판할지도 모르겠다.

그러나 나는 외고 학생의 선택이 이해가 된다. 우리들의 수명이 80은 기본이요, 90에서 100까지 이른다고 하는데, 지금 장년이 된 사람들은 30여 년 정도만 일을 했다고 한다면, 현재 젊은이들은 그 배에 해당하는 60여 년을 일하지 않으면 안 되는 시대가 된 것이다. 그 기간 동안 불완전한 사회안전망 속에서 엄청난 경쟁과 스트레스 속에서 고생하는 것보다 상대적으로 안전하고 스트레스가 덜한 직장을 택하겠다는 생각을 어떻게 비난할 수 있을까 싶다.

이렇게 보면, 보다 안전히 느껴지는 직장을 선택하려는 젊은이들을 비판할 것이 아니라 어떤 일을 하더라도 생활이 보장되고 직업을 잃더

134
진로야,
나오너라!

라도 삶이 훼손되지 않는 사회안전망의 구비가 먼저이지 않을까 싶다.

조선일보 박정훈 논설위원의 한 칼럼이 뇌리에 남는다. 중국의 똑똑한 학생은 창업을 한다고 난리인데, 우리나라 똑똑한 젊은이들은 공시족 열풍에 휩싸여 있다고. 통계청에 따르면 2016년 청년 취업 대상자 65만 중 40%에 해당하는 26만이 공무원 시험을 준비하고 있다고 한다. 이것이 단순히 젊은이들의 의식 문제일까? 박정훈 위원은 젊은이들이 그런 도전을 할 수 있는 사회 시스템이 없어서 그렇다고 한다. 어떤 사람은 한국의 산업, 노동, 복지, 교육 등 모든 문제가 집약된 모순 덩어리의 상징이라는 사람도 있다.

내가 하고 싶은 일을 하면서도 삶을 누릴 수 있고, 직장을 잃더라도 삶이 보장된다 하더라도 지금의 50대처럼 이제 그만 쉬고 싶다는 얘기가 나올까 싶다. 오히려 일이 없으면 자신의 가치가 훼손되고 자신의 존재감이 무너지는 느낌을 갖게 될 수도 있을 것이다. 지금처럼 생존을 위해서 해야 하는 일이 아니라 자신의 발전과 자기실현을 위해서 원해서 하고 있는 일일 것이기 때문이다.

삶을 보장해 주는 안전망 속에서 일을 하면서 자신의 가치를 증진시켜 나갈 수 있는 그런 사회가 찾아온다면, 도전을 즐기는 젊은이들을 쉽게 볼 수 있을 것이며 그 도전 속에 더 많고 새로운 일자리가 창출될 것이다. 자연스럽게 지금의 일자리 문제가 해결되기 시작할 것이며, 나이가 들어서도 여전히 일을 즐기는 사회 분위기가 형성될 것이다.

매슬로우란 심리학자는 인간의 욕구는 저차원에서 고차원으로 이동한다는데, 지금은 그가 얘기하는 저차원 욕구에 해당하는 '안전'의 욕구가 문제인 사회이다. 그런 사회에서 고차원 욕구에 해당하는 '자기실현'의 욕구를 주문할 수는 없는 것이다.

현재 청년들의 모습과 장년들의 모습은 이 사회가 만든 것이라고 보지만, 우리나라의 인구 구조를 볼 때 정부는 점차 복지국가를 위한 사회안전망을 구축을 위해 노력해 나갈 것이라 생각한다. 미래를 준비하는 학생들의 입장에서 보면 현재의 불안한 사회안전망을 탓하며 보다 안정적이라는 이유로 경쟁도 치열하여 합격 가능성도 낮고 적성도 생각하지 않고 공무원 시험에만 매달려 있을 수만은 없는 일이다.

사실 미래의 진정한 안전망은 어떤 조직에 들어가느냐에 있기보다는 내가 어떤 가치 있는 브랜드가 되느냐에 달려 있다고 볼 수 있다. 지금의 안정적인 직장이 미래도 그러하리라고 생각하는 것은 난센스다. 그래도 공무원은 괜찮지 않을까? 하는 생각마저도 아무도 보장할 수 없다. 오직 견고한 안전망은 자기 자신의 가치에 달려 있음을 명심해야 한다.

더랩에이치 김호 대표는 '직장'을 다닌다고 '직업'이 생기지 않는다고 말한다. 여기서 '직업'은 조직을 떠나서도 혼자서 독립할 수 있는 기술을 가진 상태를 말한다. 이 말은 조직만을 믿고 봉급 받으면서 열심히 왔다 갔다 한다고 자신의 직업이 생기지 않는다는 의미다. 직업의 안정성이 어디에 있는지를 잘 말해주는 말이라 생각한다. 나만의 가치를 만들어 나의 '직업'을 만들어 가야 하는 것이다.

진로 결정으로 가는 길

대학은 독립을 준비하는 기간이다.

성장해 가는 동안 우리들은 한두 번쯤은 하루빨리 부모 품을 벗어나려고 했던 적이 있었을 것이다. 그렇지만 어느 정도 성장하면 이제는 부모가 잡으려 해도 부모 품을 벗어나 독립해야 하는데, 그것을 준비하는 시기가 바로 대학 기간이라고 볼 수 있다. 독립한다는 것은 어떤 방법으로든 먹고사는 문제를 스스로 해결해야 함을 의미하고 그렇게 하기 위해서는 지속적으로 수입이 발생하는 어떤 일을 해야 한다.

무엇을 하고 살 것인가? 무엇을 해도 굶어 죽기야 하겠냐면서 대수롭지 않게 미래를 맞는 사람도 있겠지만 일생을 생각해 보면 그렇게 간단하게 다룰 일이 아니란 것을 알게 된다. 일생 동안 우리는 1/3은 잠을 자고 깨어 있는 시간의 반은 일을 해야 하기 때문에 무슨 일을 하고 사느냐 하는 것은 굉장히 중요한 문제라고 할 수 있는 것이다.

대학생 입장에서 그들 앞에 놓인 진로 방향을 생각해 보면 크게 세 갈래로 나뉜다. 진학해서 공부를 계속하는 길이 더 있기는 하지만, 대학원에 진학한다 하더라도 졸업 후에는 무슨 일을 하게 되므로 진학은 진로 방향에서 제외하고 생각하면, 전문가의 길을 가려는 학생과 직장에 취업해서 직장인의 길을 걷는 사람 그리고 처음부터 창업을 하게 되는 경우로 나뉠 수 있다.

전문가의 길이라 했던 의사, 변호사, 변리사, 회계사와 같은 직업도 어느 조직에 속해서 급여를 받는 길도 있고 스스로 개업을 하여 수입을 창출하는 길이 있다고 보면, 사실 진로는 두 갈래로 나뉘는 셈이다. 누군가로부터 급여를 받으면서 살 것인가 아니면 스스로 창업(개업)하여 수입을 만들면서 살 것인가 이 두 경우로 나뉜다고 볼 수 있다.

그리고 또 다른 관점에서 보면 정도의 차이는 있겠지만 모두 전문가의 길을 걷는다고 볼 수 있다. 의사, 변호사는 말할 것도 없고 공무원이나 기업에 진출하는 사람들도 이제는 어떤 분야의 전문가로 살아가게 된다. 그리고 창업을 하는 사람 역시 어떤 분야의 전문 영역을 비즈니스 모델로 삼아 창업을 하게 되므로 그 분야의 전문가 길을 걷게 되는 것이다.

따라서 앞으로의 모든 진로의 길은 내가 어떤 전문 영역의 길을 걸을 것이냐 하는 의사 결정이 되는 것이다. 그렇지 않고 비전문가의 길을 걷겠다는 것은 그만큼 경쟁력이 낮은 직무에 종사하게 되어 언제든 쉽게 기계로 대체될 수 있는 곳에서 일한다는 뜻이 되므로 진로 방향에서 제외하는 것이 옳다.

그래서 진로 방향이란 어떤 전문 분야의 길을 걸을지 먼저 결정하고 난 뒤, 그 전문 영역으로 공무원을 할지 기업에 들어갈지 병원에 가서 능력을 발휘할지 등을 결정하게 된다. 그러면 50대 후반에 있는 나는 어떤 분야의 전문가라 할 수 있을까?

30년 가까이 직장에 있으면서 여러 가지 일을 했지만, 어떤 특별한 분

아예 전문가라 하기 애매한 정도의 경력을 가지고 있다. 내가 주로 근무했던 고객서비스 분야, 인사 분야, 마케팅 분야, 영업 분야 어느 한 곳에도 전문가라 할 만한 경력을 갖지 못했다. 왜냐하면 그 분야에서 근무만 했을 뿐이지 전문 능력을 증명할 수 있는 자격증이나 내세울 만한 업적을 가진 것이 별로 없기 때문이다.

앞으로 나처럼 이렇게 직장 경력을 쌓아서는 전문가만 살아남는 시대에 생존할 수 없게 된다. 내가 만약 인사 전문가, 마케팅 전문가, 고객서비스 전문가, 영업 전문가 중 특정 분야에서 집중하여 경력을 개발해왔다면 훨씬 나은 미래를 맞을 수 있었을 것이다.

앞서 말했듯이 우리나라만 해도 1만 개가 넘는 직업이 있고 세계에는 3만 개 가까운 직업이 있다. 이렇게 직업이 계속 세분화되어 온 것은 직업이 전문화되어 왔다는 것을 의미한다. 대학의 학과 종류를 봐도 그렇다. 과거에 학과명은 그리 많지 않았을 뿐 아니라 대학 간 학과명 차이도 별로 없었다. 그러나 현재는 대학 학과는 1,000개가 넘고 유사학과를 묶어도 300개 가까이 되고, 학과명도 다양하여 학과명만으로는 어떤 학문을 배우는지 가늠하기도 힘들 정도가 되었다. 이것은 바로 전문가의 시대가 되었음을 의미한다.

기업이 사람을 채용하는 형태만 봐도 그것을 실감할 수 있다. 과거에는 행정직, 영업직, 기술직 정도로 구분하여 집단으로 사람을 뽑았다. 최근에는 직무별로 세분화하여 사람을 채용할 뿐 아니라 개별 혹은 경력채용으로 바뀌고 있음을 알 수 있다. 이 역시 전문가 시대가 되고 있음을 의미한다.

이제부터는 어떤 분야에서 어떤 전문가로 살아갈 것이냐를 결정하는 것이 대학 생활의 중요한 미션 중의 하나가 된 것이다. 그래서 더욱 선택이 어려워진 것이다. 과거는 대충 방향만 정하고 나가서 현장에서 부딪치면서 헤쳐 나갈 수 있었던 반면, 이제는 노동시장 입문 시부터 그것이 불가능해졌다. 이렇다 보니 전문영역이라 하더라도 자신이 일할 산업 분야를 정하는 것도 중요하게 되었다.

가령, 마케팅 업무를 하는 마케터가 되고 싶다고 하면 과거에는 어느 산업 어느 회사에서든지 영업 마케팅직이나 마케팅 홍보직과 같은 공고문에 지원하면 되었다. 그러나 지금은 그렇지 않다. 통신 산업 마케팅과 의류 산업 마케팅, 금융 산업 마케팅은 마케팅 이론은 비슷할 수 있으나 그 산업을 모르고서는 마케팅 업무를 할 수 없을 것이다. 과거에는 어느 산업에 지원하든 입사해서 훈련을 거치면서 선배로부터 배워 마케팅을 할 수 있었지만 지금은 해당 분야 마케팅을 해본 사람이거나 적어도 해당 산업에 대한 이해를 갖고 있는 사람이 먼저 선택되는 것이다.

이렇게 자신이 일할 산업과 전문분야를 정하는 것이 진로를 정하는 일이다. 그렇지만, 진로를 정하는 일은 쉬운 일이 아니다. 한 번 정한 진로가 평생 그대로 가는 것이 아니다 하더라도 처음 정하는 진로를 대충 정할 수는 없다. 처음 어떤 진로를 택하느냐에 따라 미래의 진로에 큰 영향을 미치는 것이 사실이기 때문이다.

자기 이해를 위한 적성 검사, 흥미 검사, 가치관 검사, 성격 검사와 같은 여러 가지 검사를 거치면서 자신에게 맞는 직업 정보를 추천 받았다 하더라도 진로를 정하는 일은 쉽지 않다. 검사 결과가 어떤 직업을 콕

집어 주는 것이 아니기 때문이다. 검사 결과로 분류되는 유형의 가짓수가 많은 MBTI 성격 유형이 16가지 정도인데 우리나라만 하더라도 직업 종류가 1만 가지가 넘고 세상에는 3만 가지가 넘는 직업을 매칭 하는 데는 한계가 있을 수밖에 없다. 그리고 같은 검사 결과라 하더라도 성장하면서 다른 결과가 나올 수도 있고, 검사 종류 간에도 같은 직업을 분류하는 관점이 다르기 때문에 검사 결과는 참고 자료이지 절대적인 자료가 될 수는 없다는 것을 감안하고 검사 자료를 활용해야 한다.

이처럼 각종 심리 검사나 직업 탐색 검사가 정답을 제시해 주지는 못하지만 여전히 필요한 이유는 검사를 함으로써 막연하게 느껴졌던 자신의 진로에 대해 진지하게 생각해 보는 기회를 가질 수 있고 자신의 진로를 도와주는 부모나 상담자들과 진로에 대한 논의를 끌어내는 효과가 있기 때문이다.

학생들 중에는 초지일관 자신의 진로는 확정되어 있다면서 검사 결과를 통해 더 확신하며 명확하게 자신의 진로를 위한 준비를 해가고 있는 학생들이 있는 반면, 어떤 학생들은 여전히 앞으로 무엇을 해야 할지 모르겠다며 검사 결과를 보며 답답해하기도 한다.

유시민 작가는 대학생들을 위한 조언에서 사람의 한평생이란 것이 생각보다 짧고 부질없기 때문에 가능하면 자신이 좋아하면서도 잘하는 일을 하면서 살아야 한다고 한다. 그 일이 하기는 싫지만 밥벌이를 위한 수단이 된다면 그 짧고 부질없는 삶이 더욱 허무해진다는 조언이다.

그래서 그 일은 가능하면 잘하면서도 좋아하며 적성에 맞는 일이어야 하고, 무엇보다 의미 있는 일이어야 한다. 일만 개나 넘는 일 중에서 자신이 하고 싶은 일이 없을 리는 없을 것이다. 다만 찾지 못했을 뿐이다. 그래서 진로 탐색 과정이 중요하다.

　여러 가지 심리 검사나 직업 탐색 검사와 담당 교수나 진로 지도를 돕는 상담사의 추천을 통해 자신에게 알맞을 것이라고 생각하는 직업 서너 개를 선택했다고 생각해 보자. 그 직업들을 대상으로 적성, 가치관, 흥미, 성격 등의 관점에서 가중치를 두고 평가를 해보면 그래도 상대적으로 높은 순위의 직업이 선택될 것이다. 그렇게 해서 선택된 직업을 대상으로 수입 정도, 직업의 안정성, 부모의 조언 등을 종합하여 자신의 진로를 선택하면 된다.

　그런데 이 과정도 쉬운 일은 아니다. 당연히 모든 조건을 만족하는 직업이 있을 리 없기 때문이다. 내가 좋아하는 직업은 부모가 반대하고 부모가 좋아하는 직업은 가치관에 맞지 않을 수 있고, 수입이 높은 직업은 안정성이 낮은 등, 여러 가지 측면의 진로 선택 과정에서 충돌이 발생한다. 이런 과정을 진로 갈등이라고 한다. 이런 진로 갈등 과정을 거쳐 최종적으로 자신의 진로 목표가 정해지는 것이다.

　이 과정에서 제일 중요한 점은 최종적인 결정은 스스로 해야 한다는 것이다. 누구도 그 인생을 대신 살아줄 수는 없기 때문이다. 부모의 조언도 중요하고 여러 가지 검사 결과도 참조하고 상담사의 도움도 필요하지만 마지막 결정은 스스로 해야 한다. 다만, 이때 부모나 담당 교수는 당사자가 최대한 현명한 결정을 하도록 많은 정보를 제공할 수 있어야 한다. 진로 결정에서 제일 중요한 변수는 바로 진로 정보이기 때문이다.

진로 선택에서 다시 강조할 말은 유시민 작가의 말처럼 그 짧고 부질없는 인생 동안 정말 자신이 원하는 삶을 살아야 하는 것이다. 그렇게 하기 위해서는 그 삶이 의미가 있어야 한다. 의미 있는 삶을 추구하되 앞의 여러 조건을 최대한 만족하는 진로를 선택하면 되는 것이다.

물론, 이렇게 해서 결정된 진로라 하더라도 성장 과정에서 혹은 환경 여건에 의해 얼마든지 바뀔 수 있다. 어떤 진로를 택하든지 잊지 말아야 할 것은 자기 인생을 사는 데 의미 있는 진로여야 한다는 사실이다.

부모는 진로 지도에서 왕따?

부모보다 자녀의 미래 진로에 대해 걱정하는 사람이 있을까? 있다! 바로 자녀 그 자신이다. 당사자만큼 자신의 진로를 걱정하는 사람은 없다. 부모를 비롯한 누구라도 이것을 인정하고 그의 진로를 도와주어야 한다.

부모들이 자녀의 미래에 관심을 갖는 것은 너무나 당연한 일이다. 부모 입장에서 보면 키는 부모 키를 훌쩍 넘고 목소리도 변하고, 겉모습은 어른으로 변했지만 부모에겐 여전히 불안한 어린이로 생각되는 경우가 많다. 마치 여든 부모가 예순 아들을 걱정하듯.

내 주위에는 몇 번의 실직 끝에 스스로는 삶의 의욕을 모두 잃었다면서 무슨 일이든 시도조차 하기 싫다는 한 후배가 있다. 그렇지만 그 후배는 자녀의 일이라면 언제 그랬냐는 듯 자신의 모든 정보력과 모든 네트워크를 가동해서 자녀의 진로를 도우려고 애쓴다. 자녀 일에 대한 그의 행동을 보면 평소 무기력했던 그 후배가 맞나 싶다. 그게 바로 대다수 부모의 모습일 것이다.

이 후배의 경우는 고3이었던 아들의 진로를 위해 각종 입시 설명회도 참석하고 개인 노력으로 어지간한 전문가는 따라오기 힘들 정도의 전문성과 정보력을 갖췄다. 이 정도의 부모라면 고등학교, 중학교의 자녀의 진로에 어느 정도 개입해도 되겠다 싶은 생각이 들지만 이런 경우도 자녀의 의사를 우선하며 도와줘야 하고 당연히 최종 선택은 자녀의 몫이 되어야 한다. 자녀가 대학생이라면 더욱더 그래야 한다. 아무리 부모가 진로 분야에 전문가라 하더라도 스스로 자신의 미래를 탐색하고 스스로 결정하도록 도와주는 역할에 머물러야 한다. 스스로 독립을 준비해야 하는 시기이기 때문이다.

"딴따라는 안 돼!"

"운동을 해서는 굶어, 안 돼!"

예체능 계통을 지망하겠다는 자녀의 생각에 이렇게 큰 소리로 자녀의 입을 막는 부모들도 이제는 거의 보기 힘들다. 요즘 수업 중에 학생들의 부모님에 대한 리더십 성향을 물어보면 과거처럼 강압적이고 일방적인 가부장적인 성향을 가진 부모는 거의 없고, 대체로 자녀의 생각을 들어주는 민주형 혹은 방임형 부모라고 답한다. 오히려 아무것도 하고 싶은 것이 없다는 자녀를 조심스럽게 지켜보며 기다리는 부모들이 많아졌다.

이처럼 자녀에 대한 부모의 태도가 자녀의 의사를 존중하는 쪽으로 바뀌었다 하더라도 부모 입장에서는 여전히 뭔가 도와주고 싶은 마음이 있기 마련이다. 그러나 부모가 적극적인 태도를 보이면 자녀들의 반응은 대체로 시큰둥하거나 내버려 두라는 식의 반응을 보이는 경우가 많다.

외부에서는 상당이 알려진 어떤 작가가 회사 특강에 와서 하는 말이다. "여러분들은 제 강의를 듣기 위해 돈도 내고 이렇게 새벽 시간에 와서 열띤 호응을 해주고 계시지만 정작 우리 집 자녀들은 아직 제 책을 읽지 않았답니다." 이렇듯 부모는 늘 가까이 함께하는 자녀 앞에서는 오히려 인정받기 힘들다. 적당한 비유인지 모르지만, 기독교에서 예수님도 자신의 고향에서는 배척받았다고 하는 것처럼, 사람들은 원래 가까이 있어 쉽게 얻을 수 있는 것들을 무시하는 경향이 있다. 자녀들의 그런 태도를 그렇게 해석할 수 있을지도 모르겠다.

나 역시 몇 권의 책을 발간하면서 책이 널리 알려졌으면 하는 그 소망은 마음대로 되지 않더라도 최소한 나의 자녀들은 아버지가 쓴 책은 읽겠지 하고 기대를 한다. 그러나 그것마저도 생각처럼 되지 않는다는 것을 경험하고 있다. 이렇듯 몇몇 자녀들을 제외하고는 부모의 전문성을 인정하지 않을 뿐 아니라 부모의 조언도 그다지 반기지 않는다. 대체로 부모의 생각은 '고루한' 생각으로 보고 무시해버리는 듯하다.

위의 후배와 같이 적극적으로 자녀의 진로를 챙기는 부모가 있는가 하면, 또 이런 부모도 있다. "요즘 아이들은 알아서 잘한다. 그냥 지켜보기만 해도 된다. 가끔 조언을 해주고 알아서 하게 그냥 내버려 두는 게 맞다."

자녀의 진로를 위해 부모의 바람직한 태도는 어떤 걸까?

직업심리학자인 로(ROE)의 분류에 의하면 부모들이 자녀들을 대하는 유형을 소개하면 이렇다. 로(ROE)는 부모의 양육 태도에 따라 자녀의 진로 선택에 영향을 준다며 자녀에 대한 부모의 태도를 회피형, 정서집중형, 수용형으로 나눴다. 회피형은 자녀가 원하는 것을 무시하고 자녀의 부족한 면만 지적하는 거부형과 자녀와의 접촉을 피하면서 내버려 두는 방임형으로 나뉜다. 정서집중형은 자녀를 지나치게 보호하는 과보호형과 자녀가 뛰어나기를 바라고 엄격한 훈련과 무리한 요구를 가하는 과다요구형이 있다. 마지막으로 수용형은 자녀에게 요구하지도 않고 자녀의 욕구에 반응하지도 않는 무관심형과 자녀의 욕구에 민감하면서도 자녀의 독립성을 인정하는 애정형이 있다고 한다.

자녀에 대한 이러한 부모의 양육 태도에서 부모와 자녀가 따뜻한 관계이면 서비스, 사업, 문화, 예술 분야와 같은 인간관계 직업을 선택할 가능성이 커지고 자녀와 부모가 차가운 관계이면 비인간 지향적인 진로인 산업 기술, 옥외 활동, 과학 연구 분야 활동을 할 가능성이 높아진다고 한다.

▼ Figure 6 ROE의 부모의 자녀 양육 태도 유형

회피형	정서집중형	수용형
• 거부형 • 방임형	• 과보호형 • 과다요구형	• 무관심형 • 애정형

진로와 관련해서 부모와 자녀의 갈등은 대체로 정서집중형인 과보호형과 과다요구형에서 일어나는 것 같다. 회피형의 방임형과 수용형 중 무관심형에서는 자녀와의 교류 자체가 일어나지 않으므로 갈등이 발생하기 어렵다. 그렇게 보면 자녀의 욕구에 민감하면서도 자녀의 독립성을 인정하는 애정형이 가장 바람직해 보이지만 이 역시도 자녀에 따라 다르게 적용되어야 한다. 의존적인 자녀인 경우에는 자녀의 욕구만 채워주고 내버려 두게 되면 혼란에 빠져 방황할 수 있기 때문이다.

대체로 자녀들이 부모의 말을 원천적으로 들으려 하지 않을 때는 부모의 평소 소통방식에 문제가 있었을 가능성이 있다. 평소 자녀에게 일방적으로 자신의 정보를 강요를 해왔던지 자녀의 평소 고민이나 생각에 무관심해 왔었기 때문일 수가 있다. 진로전문가 은혜경 님의 책에서 언급하고 있는 자녀에 대한 부모의 바람직한 태도 몇 가지를 정리해 보면 이렇다.

첫 번째는 자녀와 나는 다르다는 사실을 인정하는 것이다. 닮은 부분이 많기는 하지만 이론적으로 50% 정도 밖에 닮지 않은 것이다. 다른 시각에서 보면 50%나 다른 사람인 것이다. 그것을 잊어버리는 부모들은 자녀의 모든 것을 아는 것처럼 조언하려 든다. 성격의 기본이라 할 수 있는 부분에서도 아버지는 외향형이어도 자녀는 내향형일 수 있다. 이 경우 선호 직업 유형은 완전히 반대가 될 수도 있다. 그래서 함부로 자녀를 다 안다고 생각하고 조언하려 해서는 안 된다.

두 번째는 대인관계의 핵심 원칙 중 하나인 경청을 잘해야 한다. 미리 판단하지 말고 공감하는 자세로 잘 들음으로써 자녀가 정말 힘들어하는 부분과 자녀의 실제 욕구를 파악할 수 있어야 한다. 그렇지 않으면 자녀 입장에서 부모는 대화가 어려운 상대가 되어 말문을 닫아버릴 것이다.

세 번째는 자녀와 대화를 할 때 잘잘못을 따지기 전에 먼저 자녀의 상태가 되려고 노력해 봐야 한다. 네가 틀렸다고 말하기 전에 먼저 그 자녀와 똑같이 느껴주는 사람이 있다는 것이 전달되어야 한다. 사람이 이해받는다고 느끼는 때는 '사실'을 말해 줄 때가 아니라 '감정'을 통할 때란 사실을 잊지 말아야 한다.

네 번째는 부모 이외 다른 통로를 열어주어야 한다. 부모는 가장 편한 사람이지만 한편으로 부담스런 존재일 수 있다. 자녀들은 부모 앞에서 떳떳하고 멋진 자녀가 되고 싶어 하기 때문에, 때로는 부모 아닌 다른 사람과 고민을 나누고 싶어 할 수 있다. 그것을 인정하고 기다릴 수 있어야 한다. 대신, 사랑받고 있다는 느낌을 주어 자녀가 진정 힘들 때 대화하고 의지할 수 있는 상대란 것을 느끼게 해야 한다.

마지막으로 자녀의 요청이 오면 의견을 말하고 설명은 하되 결정은 하지 말라는 것이다. 결정은 반드시 자녀의 몫이 되어야 한다. 자녀의 인생이기 때문이다.

자녀의 입장에서는 진로의 성공은 진로 정보로부터 시작된다는 것을 알고, 가까이 있는 부모와 친지의 정보를 확보하는 것으로부터 시작해야 한다. 부모를 비롯하여 친인척들로부터 정보를 얻는 일은 어렵지도 않고 실질적이고 적극적인 도움을 받을 수 있기 때문이다.

모든 부모는 이 험한 세상을 헤쳐 나오면서 나름대로 쌓은 노하우를 가지고 있고 미래에 대한 판단력도 가지고 있다. 요즘처럼 복잡하고 빨리 변하는 세상에서 진로 정보와 관련해서는 부모가 문외한일 수 있다. 그렇다 하더라도 부모의 의견 속에는 자녀가 미처 생각지 못한 중요한 정보가 담길 수 있다. 그리고 외부 전문가가 절대 알 수 없는 정보도 가지고 있을 수 있기 때문에 소중하게 여기는 것이 맞다. 그래서 단지 '부모가 권한다'는 이유만으로 거부감을 가져서는 안 된다.

또한, 대부분 부모들도 자녀 인생의 선택권은 자녀에게 있다는 것쯤은 알고 있다. 단지 부모 입장에서 보면 아직 어려 보이고 서툴러 보이기 때문에 걱정하는 마음에 반대할 수 있다는 것을 알아야 한다. 이런 경우 무조건 부모는 뭘 모른다며 저항할 것이 아니라, 자신이 원하는 진로에 대해 체계적인 정보와 자료를 제시하여 부모의 지지를 얻어낼 수 있어야 한다.

그리고 집에서는 늘 게임만 하고 TV 오락 프로만 보고 학교도 제대로 다니지 않다가 갑자기 부모의 신뢰를 얻어낼 수는 없다. 평소에 믿을 만한 행동을 해야 한다. 진로 갈등을 겪고 있다면 평소 자신의 모습을 돌이켜 볼 필요가 있고 이제부터라도 한 번 한 일은 반드시 해내는 모습을 보여주고 약속한 일은 끝까지 지키는 행동을 보여주면서 부모의 신뢰를 얻도록 노력해야 한다.

누가 뭐래도 나의 진로와 미래에 있어 가장 든든한 지원군은 부모임을 잊어서는 안 된다.

정보 사냥법

정보가 넘치는 시대에 살고 있다. 진로에 관한 정보도 마찬가지다. 넘치고 넘친다. 너무 많아서 주체를 못 할 정도다. 모든 정부의 핵심 과제 중 하나는 일자리이고 그 일자리의 핵심 사업 중 하나가 사회로 진출하는 청년들의 일자리를 해결하는 과제다. 따라서 이 부분에 엄청난 예산이 투입되고 있기 때문에 마음만 먹으면 비용 부담 없이 좋은 정보를 쉽게 얻을 수 있다.

인터넷에 들어가 보면 진로 당사자인 학교를 비롯해서 정부, 민간에서 경쟁적으로 비슷비슷한 정보를 제공하고 있음을 알 수 있다. 원래 너무 많으면 선택을 어려워하는 게 사람이다. 그래서 이렇게 널려 있는 정보를 정리하여 제공해 주는 컨설턴트 사업과 진로 관련 전문가들이 급증하고 있는 것이다.

진로 관련 정보라면 어떤 것이 있을까?

첫 번째는 자신을 탐색하기 위한 서비스인 나의 성격, 가치관, 적성, 흥미 등을 탐색하기 위한 검사 서비스를 제공하는 곳에 대한 정보다. 이것은 정부에서 제공하는 것을 이용하면 된다. 그렇지 않고 민간이 제공하는 서비스를 이용하려면 많은 돈을 지불해야 한다. 정부에서 제공하는 '워크넷'에 접속하여 검사해보는 것으로도 충분히 좋은 서비스를 받을 수 있다.

두 번째는 직업 정보다. 이 역시 정부에서 운영하는 워크넷 직업 정보 사전에 들어가면 상세하고 풍부한 정보를 얻을 수 있다. '한국직업정보 시스템'에서는 직업별로 어떤 교육과 훈련을 받아야 하는지, 연봉은 어느 정도 수준인지, 그 직업의 전망과 어떤 성격과 흥미와 가치관의 사람에게 맞는지에 관한 정보를 얻을 수 있다.

'한국직업전망'에서는 우리나라를 대표하는 17개 분야 약 200개 직업에 대한 상세 정보를 확인할 수 있고, '한국직업사전'에서는 우리나라의 11,993개 직업을 대상으로 교육 수준, 직업 강도, 숙련 기간, 직업 장소와 직무 기능을 입력하면 거기에 맞는 직업에 대한 정보를 얻을 수 있도록 서비스하고 있다.

'직업탐방'에서는 테마별 직업여행, 눈길 끄는 이색 직업, 대상별 추천 직업, 미래를 함께할 새로운 직업, 우리들의 직업 만들기(창직)과 같은 메뉴를 통해 쉽게 직업 정보를 얻을 수 있도록 도와주고 있다. 가령, 취업이 힘들다는 인문계 대졸자들에 대해서는 융합직업과 강세직업으로 나눠 융합직업에서는 UX디자이너, FGI모더레이터, 테크니컬라이터와 같은 직업을 제시하고 있으며, 강세직업에서는 여행 사무원, 항공 운송 사무원, 직업 상담사 같은 직업이 제시하고 있다.

세 번째는 기업 정보다. 기업은 공기업과 사기업이 있고 공기업에 관한 정보는 알리오(www.alio.go.kr)에 들어가면 국내 공기업 330개에 관한 정보를 알 수 있다. 사기업에는 대기업과 중견기업, 그리고 중소기업이 있다. 대기업은 3백만이 넘는 전체 기업의 0.03% 밖에 되지 않고

99.9%는 중소기업에 해당한다.

중소기업보다는 크고 대기업(대기업이라 하더라도 공정거래법상 상호출자제한 기업 집단에 소속되지 않는 기업)보다는 작은 기업을 '중견기업'이라 하는데, 3,500여 개의 기업이 여기에 속한다. 이런 중견기업 속에는 모나미, 깨끗한 나라, 샘표와 같이 잘 알려진 기업도 있지만, 코나아이, 미래엔, 루멘스와 같이 잘 모르는 기업도 많다. 이런 기업들의 정보를 잘 알게 되면 알차고 실속 있는 좋은 기업 정보를 얻게 된다. 중견기업들에 대한 정보는 www.career.co.kr에 접속하면 쉽게 알 수 있다.

또한 워크넷에서는 중소기업 중에서도 임금, 근로 시간, 복지 혜택 관점에서도 청년 친화적인 요건을 충족하고 있는 기업들을 '강소기업'으로 분류하여 워크넷에 1,700여 개의 기업 정보를 제공하고 있다.

요즘은 대기업, 은행과 같은 곳에 입사하려면 엄청난 준비와 경쟁을 거쳐야 하기에 합격자의 현수막이 걸리기도 하고 밴드나 카톡에서 자랑거리가 되기도 한다. 그렇지만 이렇게 힘들게 들어가서는 의외로 만족도가 높지 않다는 이유로 애써 들어간 직장을 그만두는 경우도 있다. 큰 조직의 특성상 일이 세분화되어 있어 종합적인 일보다는 일의 일부만 경험하는 경우가 많고 업무 강도도 높은 데다 조직 분위기도 건조하여 적응을 못 하고 일찍 그만두는 경우가 제법 발생하게 되는 것이다.

힘든 경쟁을 통해서 대기업과 공기업, 공무원, 은행과 같은 곳에 취업해서 자신의 역량을 펼쳐 나가게 된 일은 충분히 축하받을 만하다. 그러나 매년 대학 졸업생 숫자에 비해 이와 같은 일자리는 10% 정도밖에 되지 않기 때문에 이곳에만 무작정 매달릴 수는 없는 일이다.

눈을 돌려보면 경쟁이 높지 않으면서도 좋은 직장이 많다는 것을 알 게 된다. 위에서 언급한 중견기업, 강소기업에서도 도전할 만한 훌륭한 직장이 아주 많다는 사실이다. 이런 기업들 중에서는 연봉 수준이 높 은 것은 물론, 직원을 가족처럼 여기면서 직원의 성장을 도우며 함께 성 장하는 기업이 있는가 하면, 특정 분야에서는 세계 1, 2위를 다투는 경 쟁력이 높은 회사도 있다. 이런 기업에 관심이 있어도 정보가 없으면 안 된다. 그래서 정보가 중요하고 정보가 적으면 진로 선택의 폭도 그만큼 제한되는 것이다.

그러면 이런 기업들의 채용 정보는 어디서 구할까? 공기업 채용 정보 는 NCS 사이트를 이용하면 된다. 모든 공기업은 NCS 시스템에 의해 채 용해야 하므로 공기업의 채용 정보는 거기서 확인할 수 있다. 앞에서 언 급한 알리오 사이트에서도 공기업의 채용 정보를 확인할 수 있다.

민간 기업에 관한 채용 정보는 정부가 운영하는 워크넷을 활용할 수 도 있고, 민간이 운영하는 사이트를 활용할 수도 있다. 민간이 운영하 는 잡코리아, 사람인, 인쿠르트, 인디드와 같은 곳에서도 기업의 충실 한 채용 정보를 무료로 얻을 수 있다. 이들은 채용 정보를 무료로 제공 하고 대신 취업 컨설팅과 같은 다른 채용부가서비스를 통해 돈을 번다. 또한, 네이버나 다음과 같은 포털 카페에 가입하는 것도 한 방법이다. 네이버의 '독취사', '스펙업', 다음의 '닥치고 취업'과 같은 곳에 가입하면 거의 실시간으로 생생한 채용 정보를 받아볼 수 있다.

취업을 위한 역량을 기르는 프로그램 정보는 어디서 얻을까? 취업 상 담, 자기소개서 작성, 이력서 작성, 면접 요령과 같은 취업지원 프로그램은 일차적으로 각 대학교에서 집중적으로 제공하고 있기 때문에 학교 프로그램을 활용하면 된다. 정부의 워크넷에서도 알찬 프로그램을 제공하고 있고, 특히 대학과 정부와 민간이 협력하여 제공하는 취업성공 패키지 같은 것을 이용하면 개개인별로 취업과 관련되는 유익한 도움을 받을 수 있다. 좀 더 개인 특화된 서비스를 받고 싶다면 민간이 제공하는 컨설팅 서비스를 받을 수도 있겠지만 부담스런 비용을 각오해야 한다.

또한 자격증에 관한 정보를 알고 싶으면 정부에서 제공하는 큐넷에 접속하면 된다. 국가자격증은 물론이고 민간인 자격증에 대한 정보도 상세히 제공하고 있다. 해당 자격증 시험일, 자격증 시험 과목 등의 정보를 얻을 수 있다.

취업박람회에 관한 정보를 얻으려면 '잡815' 사이트를 활용하면 되고, '대티즌'과 같은 사이트에서는 대학생 공모전에 대한 정보를 얻을 수 있다.

현재 직장인들이 후배들을 위해 직접 취업 상담을 해주는 사이트들도 있다. '코멘토'와 '잇다'와 같은 사이트인데 '코멘토'에서는 전반적인 직무에 대해 취업 고민, 자기소개서, 면접 등에 대한 질문에 무료로 멘토링을 해 주는 사이트이고, '잇다' 사이트도 국내외 기업 현직자와 대학생, 취업 준비생을 1:1 방식으로 연결하는 것을 목적으로 만들어진 사이트로 현재 20개국, 500여 직종의 멘토가 온라인에서 활동하고 있고, 특히 이공계 취업준비생에 도움된다고 한다.

직업과 관련되는 많은 정보 중에서 몇몇 대표적인 정보 사이트를 소개했지만 막상 내게 필요한 정보에 국한해서 생각해 보면 정보를 구하는 게 그리 쉽지 않다는 것을 알게 될 것이다. 그래서 학교에서 제공하는 진로 관련 수업이나 취업 지원 업무를 하는 조직의 도움을 받을 필요가 있다.

그리고 진로와 관련된 정보 사이트가 이렇게 많다 하더라도 내가 정기적으로 들어가고 관심을 갖는 사이트를 갖지 않는 한 아무 의미가 없다. 지금 당장 몇 개 사이트에 가입하여 정기적으로 접속하고 정보를 받기 시작하는 것이 중요하다.

NCS가 뭐기에?

언젠가부터 NCS라는 단어가 부쩍 눈에 띈다.

서점가 대학교 서적 코너나 취업 관련 서적 코너에는 'NCS 기반'이란 단어가 붙는 책이 많아졌다. 그리고 대학 캠퍼스에도 수시로 NCS 관련 강의들이 개설되고 있다. NCS가 뭘까?

NCS(National Competency Standards)는 우리말로 국가직무 능력 표준이라고 한다. 국가가 주도해서 '직무 능력'을 표준화시켰다는 의미다.

직무 능력이 뭐기에, 표준화를 해야 했을까?

직무 능력은 말 그대로 직무를 할 수 있는 능력이다. '직무'는 사전적으로는 직책이나 직업상의 맡은 바 임무인데, 한마디로 일이다.

우리가 흔히 사람들께 "어떤 일하세요?"라고 질문할 때 나오는 대답을 생각해 보면……

"운전합니다. 농사짓습니다. 군인입니다. 회사원입니다."란 대답이 나온다.

이렇게 대답했다면 직업을 말한 것이다. 직업이 직무인 경우도 있지만 그렇지 않은 경우가 더 많다.

운전과 같은 경우는 운전을 하는 일은 직무다. 직업은 택시운전수, 버스운전수와 같이 세분화되어 직무가 직업을 포괄하고 있는 경우이고, 회사원의 경우는 회사원이 바로 직업이다. 회사원들이 회사에서 하고 있는 일(회사에서는 업무라고 표현한다)이 직무인데 이 경우, 회사원이 라는 직업에 여러 가지 직무를 포함하고 있다.

회사에는 기획업무, 마케팅업무, 인사업무, 영업업무, 기술업무, 홍보업무와 같은 업무들이 있다. 이것을 직무라고 하는데 이런 직무들은 더 세분화될 수 있다. 가령, 마케팅직무만 하더라도 광고직무, 시장조사직무, 브랜드 관리직무, 판촉직무 등으로 나눌 수 있는 것이다.

이와 같은 직무를 할 수 있는 능력, 즉 '직무 능력'을 표준화했다는 것인데, 왜 표준화를 했을까? 직무 능력을 표준화했다는 것은 이런 의미다.

가령, 홍보직무를 생각해 보자. 홍보직무를 정의해 보라고 하면 어떻게 정의할 수 있을까? 대충은 정의할 수 있겠지만 그 분야에서 오랫동안 근무했던 사람도 막상 체계적으로 정리해서 말해보라면 쉽지 않을 것이다. 그리고 어떤 규모의 기업에서 근무했는지에 따라 또는 어떤 산업에서 근무했는지에 따라 모두 다르게 정의할 것이다. 그렇지만 분명히 기업이나 어떤 조직에 들어가면 그 선배들로부터 혹은 조직의 매뉴얼로 정의된 홍보직무를 접하게 될 것이다. 이렇게 산업현장에서 모두 다르게 정의하고 있는 홍보직무에 대한 정의를 표준화했다는 것이다.

NCS에 따르면 홍보직무는 02. 경영회계사무(대분류) → 01. 기획사무(중분류) → 02. 홍보광고(소분류) → 01. 기업홍보(세분류)에 정의되어 있다. 기업 홍보에는 홍보전략 수립, 온라인 홍보, 출판 홍보, 언론 홍

진로야, 나오너라!

보, 기업문화 전파, 사회공헌 활동 등과 같은 12개의 세부 직무('능력단위'로 표현됨)로 나뉘어 있고, 12개의 능력단위별로 그 능력단위를 수행할 줄 안다는 기준을 정의한 '수행준거'와 그 일을 하는 데 필요한 '지식, 기술, 태도(영어로는 KSA Knowledge, Skill, Attitude)'와 평가방법까지 명시해 두고 있다.

이렇게 되면 이제는 기업홍보직무의 정의에 대한 불필요한 논란이 없어진다. 기업홍보는 12개의 능력단위로 구성되고 그 12개 능력단위 중 하나인 '홍보전략 수립'이라는 능력단위를 할 줄 안다는 것은 이러한 것이며, 이 능력단위를 수행하기 위해서는 이런 지식과 기술과 태도가 있어야 한다는 것을 정리한 것이 바로 NCS다.

▼ Figure 7 국가직무 능력 표준 개념도

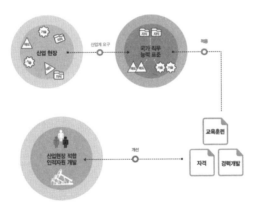

NCS는 24개의 대분류, 중분류, 소분류, 세분류로 나눠지는데 현재까지 세분류로 나눠진 직무가 897개 직무다. 이 직무 수는 개발 현황에 따라 계속 증가해 나갈 것이다.

NCS는 이렇게 정의하는 데 그치지 않고, 그 능력단위별로 그 직무를 수행하기 위해 필요한 학습 정보를 제공하고 있다. 다시 말하면 그 능력단위를 수행하기 위해서는 이러한 공부를 해야 한다고 학습내용을 개발해 놓은 것이다(이것을 '학습모듈'이라 함). 따라서 위에서 언급한 기업홍보직무의 '홍보전략 수립' 능력 단위를 공부하기 위해서는 NCS에 첨부되어 있는 학습모듈을 공부하면 되는 것이다.

이 말은 각 산업계에서 각자 사용하고 있는 직무에 대한 내용을 표준화할 뿐 아니라 이 표준화된 정의에 근거하여 교육계에서도 동일한 교육을 함으로써 산업계와 교육계를 연결하여 운영하겠다는 의미다. 다시 말하면, 앞으로 대학이나 각종 교육훈련 현장에서도 이 직무 능력 표준에 정의되어 있는 교재를 활용함으로써 산업현장의 NCS에 정의된 지식, 기술, 태도에 연결되어 있는 교육을 함으로써 정렬해 나가겠다는 것이다. 이렇게 되면, 대학이나 산업교육훈련 현장에서 공부하는 내용이 바로 산업현장에서 사용하는 지식, 기술, 태도와 일치될 것이므로 불필요한 비용이 줄어들고 인력활용 효율성이 증가하게 되는 것이라고 할 수 있다.

이제 직무 능력이 표준화되면 어떤 좋은 점이 있는지 알아보자.

학교에서 공부하는 내용과 기업에서 활용하는 내용이 같아지기 때문에 지금까지 대학 교육과 기업 현장과의 괴리로 발생하는 재교육비가 줄어들 수 있다. 그리고 학생들이 취업 준비하기가 쉬워진다. 지금까지는 기업에서 하는 일이 무엇인지 모르기 때문에, 불안한 학생 입장에서는 기업의 필요와는 관계없이 불필요한 스펙을 경쟁적으로 갖추면서 발생하는 비용을 줄일 수 있다. 표준화 되어 있는 직무 능력 내용에 맞춰 준비하면 되기 때문이다.

또한, 기업에서 경력을 쌓는 것도 마찬가지다. 지금까지는 기업별로 각자 방식대로 어떤 직무에 대한 경력을 쌓아 왔다면, 이제부터는 직무 능력 표준에 맞춰서 경력을 쌓아 가면 된다. 그렇게 쌓아온 경력은 중간에 다른 기업으로 이동을 하더라도 바로 사용될 수 있을 것이다. 직무 능력이 표준화 되어 있기 때문이다.

그리고 정보의 비대칭성('정보마찰'이라고 함)으로 인해 발생하는 실업도 줄일 수 있을 것이다. 50대 중반에 조직을 나온 사람의 상당수는 평생 배운 자신의 직무 능력이 어딘가에는 필요할 텐데 그 필요한 곳을 찾지 못해 사장되고 있다고 볼 수 있다. 국가적으로 엄청난 낭비가 일어날 뿐 아니라 당사자에게는 100세를 바라보는 현실에서 대책 없이 무직자로 전락하는 문제가 된다. NCS가 정착되면 퇴직자 A라는 사람이 가지고 있는 직무 능력이 직무 능력 표준에 따라 분류될 것이므로 기업은 직무 능력 표준에 따라 사람을 모집하고 거기에 부합하는 사람이 지원하면 자연스럽게 필요한 사람이 매칭 되어 국가의 인적자원을 효율적으로 사용할 수 있게 될 것이다.

이렇게 좋은 취지로 개발된 NCS가 제대로 활용되려면 산업현장에서 이 시스템에 맞춰 사람을 채용하는 것이 가장 급선무다. 더 나아가 산업현장에서 이 시스템에 의해 직무 능력을 측정하고 승진시키는 등 경력 개발에까지 활용해야 한다. 그렇게 되면 교육이나 훈련현장에서는 시키지 않아도 자연스럽게 NCS 시스템에 맞춰 교육훈련을 하게 될 것이다. 그래서 정부에서는 공기업을 중심으로 NCS 시스템에 의한 채용을 의무화하고 있다. 학생들 중에 공기업을 지원하려고 하면 반드시 NCS 준비를 해야 한다. 민간기업에서도 적극적으로 채택을 추진하고 있다.

그리고 NCS 시스템을 정착시키기 위해서 정부는 다방면으로 지원을 하고 있다. NCS에 의한 채용이 어려운 중소기업을 비롯한 민간기업에 컨설팅을 해주는가 하면, 교육 현장에도 NCS에 의한 교육시스템 도입을 적극적으로 추진하고 있다. 또한, 정부가 운영하는 각종 자격증 부여 시스템도 NCS에 맞춰 가고 있는 중이다.

지금까지 언급한 사항은 NCS의 직무 능력 중 '직무수행능력'을 설명한 것이다. 직무수행능력은 말 그대로 직무를 수행할 줄 아는 능력이다. 대학에는 교양과 필수가 있고, 기업시험에도 상식시험과 전공시험이 있다. 교양이나 상식은 대학생이나 일반인이 기본적으로 갖춰야 할 지식을 말한다면, 필수과 전공은 앞에서 얘기한 직무를 수행하는 데 필요한 능력이 될 것이다. 마찬가지로 NCS에서도 전공에 해당하는 부분이 '직무수행능력'이라면, 상식 또는 필수에 해당하는 부분은 '직업기초능력'이라고 한다.

직업기초능력은 조직구성원이라면 누구나 갖춰야 하는 능력으로 10가지로 구성되어 있다. 의사소통능력, 수리능력, 문제해결능력, 자기개발능력, 자원관리능력, 대인관계능력, 정보능력, 기술능력, 조직이해능력, 직업윤리능력이 그것이다. 직업기초능력은 NCS 방식으로 채용을 하고 있는 공기업에서부터 과거 일반상식을 대체한 시험과목으로 활용되고 있다.

정부 방침에 의해 NCS를 도입하는 조직들이 증가하고 있으므로 꾸준히 관심을 갖고 학교에서 관련 강의가 개설되면 한 번쯤 들어두고 자신의 원하는 직무를 NCS에 들어가 찾아봐야 한다.

자신이 원하는 기업이 NCS를 채택하고 있다면, 취업이 임박한 고학년이 되면 적극적으로 스터디 그룹을 만들거나 학교에서 지원하는 조직을 이용하여 집중적으로 준비를 해야 효과적으로 대비할 수 있다.

대
학
생,

진
로
와

마
주
하
다

'관계가 미래다'

나의 미래는 내가 만나는 사람들과의 관계에 의해 결정됩니다. 사람들과의 관계에서 제일 중요한 것은 '소통'입니다. 소통을 도와주는 몇 가지 지혜를 살펴보겠습니다.

- 인맥관리
- 배려
- 팀워크
- 억지로 사랑받으려 하지 마세요
- 힘으로는 안 됩니다

계급장 떼고 만나는 인맥

대학만큼 인맥을 형성하기 좋은 곳이 있을까? 나는 이것을 나중에야 알았다.

나는 학생들을 만나는 첫 수업 시간에 출석 점수를 제일 많이 강조한다.

평가 시 출석 점수 비중을 20%로 하고 하루 빠질 때마다 2점씩 감하겠다고 한다. 내가 이렇게 관리하지 않더라도 요즘 대학에서는 결석 횟수가 4회를 넘으면 자동으로 F학점을 주도록 되어 있어 출석의 중요성이 강조되지만, 나는 별도로 출석 점수를 관리해서 부여하는 것이다.

100점 중 2점이란 점수는 커 보이지 않겠지만 대다수의 학생들이 받는 점수가 75점에서 95점 사이라 보면, 그 20점 중 2점으로 매우 큰 점수다. 상위권에서의 1~2점 차이는 등급이 달라지는 점수다.

그렇지만 특별한 사유가 있어 사전에 교감이 이루어지는 경우는 2점을 삭감하지 않고 1~0.5점 사이에서 조정해 준다. 개인적인 일이라고 하더라도 사전에 내게 문자 등으로 연락을 하고 양해를 구하는 경우에는 조금의 점수라도 조정해준다. 관계의 소중함을 일깨우기 위해서다.

이를 통해 관계의 중요성과 인맥에 대한 이야기를 꺼낸다.

학생과 내가 만난 것은 엄청난 인연이다. 수천만의 사람들 가운데 한 번도 아니도 15회 가까이 2~3시간씩 만나는 것이 어찌 큰 인연이 아니겠느냐고 하며 강의 계획을 알려준다.

세상을 보는 데는
두 가지 방법이 있다.
하나는 기적이 없다고 생각하며 사는 것이고,
다른 하나는
모든 것이 기적이라고 생각하며 사는 것이다.
– 아인슈타인 –

아인슈타인의 말을 사람과의 만남에 적용하면 어떤 사람은 사람과의 만남을 기적으로 보지만, 어떤 사람은 우연으로 여기며 지나친다는 것이다. 학생들과 내가 만난 사건(?)은 그야말로 확률이 거의 없는 기적에 해당하는 만남이라고 볼 수 있다. 그렇지만 대부분의 학생들은 학교에서 매 학기 만나는 교수들 중의 한 사람으로, 우연으로 지나치듯 만난다.

기적을 만난다고 생각하고 그 수업 시간을 담당하는 교수를 만난다면 아마 그 학생은 최선을 다해 그 인연에 충실할 것이다. 뿐만 아니라 수업을 소홀히 할 수 없다. 당연히 특별한 일이 아니면 결석할 리도 없다. 결석하더라도 무단결석을 할 리는 더욱 없다. 그렇게 만나게 되면 교수에게 그 학생은 소중한 인연으로 남게 되는 것이다.

자신이 수업하는 동안 만나는 교수가 모두 자신의 인맥이 된다는 상상을 해보라!

수십 년간 공부를 하면서 전문 분야의 인맥을 쌓아온 많은 분들을 자신의 인맥으로 만드는 셈이다. 우리들이 알고 있는 인맥 중 그런 전문가 분들이 주위에 얼마나 되는지 생각해 보면 그분들과의 인맥과 인연이 얼마나 소중한지 알게 될 것이다.

그뿐인가? 그분들이 쌓아온 인맥도 나와 연결되는 것이다.

한때 광화문 교보문고에 이런 시를 걸어 놓은 적이 있다.

사람이 온다는 건
실은 어마어마한 일이다.
그는
그의 과거와
현재와
그리고
그의 미래와 함께 오기 때문이다
한 사람의 일생이 오기 때문이다
- 「방문객」, 정현종 -

이처럼 현재 마주하는 인연을 기적처럼 여기며 소중히 하면 그 사람의 일생이 나에게 오는 것이 된다. 반면, 그냥 우연으로 만나는 학생들은 그 교수가 스쳐 지나가는 사람일 뿐이다. 어찌 보면 온라인 강의로 그분을 만난 거나 다름없게 된다. 그분으로부터 지식은 얻을 수 있을지

언정 그분으로부터 얻을 수 있는 아주 많은 다른 부분을 놓치게 되는 셈이다.

교수뿐인가?

선배, 후배, 동료들까지……

강의실에서 동아리에서 또는 각종 세미나에서 그야말로 계급장 떼고 만날 수 있는 곳이 바로 대학이다. 이런 소중한 사람들을 다양하게 만나다 보면, 사회에 진출했을 때 엄청난 자산이 되어 있을 것이다.

직장과 같은 사회생활에서 만나는 인맥은 대학에서 만나는 인맥과는 다르다.

사회에서 만나는 사람은 같은 관심사나 같은 직종에서 만나는 사람이 대부분이지만, 대학에서는 그야말로 여러 분야의 다양한 사람을 만날 수 있다. 사회에서는 엄연히 보이지 않는 계급서열이 있어 쉽게 만날 수 있는 사람의 레벨이 제한되기 마련이지만 대학에서는 그렇지 않다.

솔라크린이라는 사회학자는 우리들이 평생 만나는 사람들 중에서 의미 있는 인맥으로 형성되는 사람이 3,500여 명이라고 하고 그 사람이 바로 우리의 인생을 결정한다고 한다. 이처럼 나의 삶에 중요한 영향을 미칠 인맥 중 보다 양질의 소중한 인맥을 쉬우면서도 편하게 만날 수 있는 곳이 바로 대학이다.

이제는 전자출결이 되어 별도로 출석을 부를 필요가 없지만, 나는 학생들의 이름과 얼굴을 보면서 한 사람씩 부른다. 사전에 받아놓은 설문의 자기소개 중 특징적인 것을 메모한 사진을 보면서 천천히 이름을 부

대학생, 진로와 마주하다

169

르다 보면 그들이 기억되기 시작한다.

1:N이 아니라 최대한 1:1로 만나면서 관계의 소중함을 일깨우려 하는 것이다.

태어나면서부터 시작되는 사람과의 관계…….

대학에서는 그 관계가 더욱 소중해지고 사회에 나가서는 그것이 자신의 삶이 될 수 있음을 가르치면서 지금 만남의 중요성을 일깨운다.

이렇게 시작한 관계 형성 노력이 결국 우리의 미래가 된다.

효리 씨가 알려준 인맥 강의

'효리네 민박'이란 프로그램이 있다.

최고의 인기를 누리다가 내가 보기에 그저 보통(?) 사람으로 보이는 남자와 결혼해서 제주도에 둥지를 튼 지 6년 만에 현재 그들의 삶을 대중 앞에 드러낸 것이다.

효리 씨는 아름답고 섹시하고 춤 잘 춘다는 스타로서의 이미지 외에도, 털털하고 솔직하고 자신감 넘치는 모습으로 인해 나를 비롯해서 많은 사람들이 좋아하는 것 같다.

또한, 자신들만의 충실한 삶뿐 아니라 유기견, 자살, 빈곤층, 독거노인 등 사회 문제에 관심을 보이며 행동으로 실천하는 모습에서 더욱더 사람 효리 씨에게서 풍기는 아름다움을 발견하게 된다.

오늘은 우연히 지난 방송을 들여다보다 그녀의 멋진 표현 몇 개를 만났다.

효리 씨가 바닷가에 앉아 지은(아이유)에게 인생 선배로서 반려자를 만나는 방법에 대한 자상한 조언을 해주는 가운데 흘러나온 표현이었다. 방송을 위해 준비된 말일 수도 있겠지만 그런 느낌이 들지는 않았다.

나는 학기 중에 학생들에게 '인맥과 아부'란 제목의 특강을 하는데, 강의에서 인맥이 왜 중요한지, 인맥을 어떻게 만들어야 하는지에 대한 장황한 얘기 끝에 결론으로 하는 얘기가 있다. "좋은 인맥을 만드는 최고의 방법은, 내가 먼저 상대에게 좋은 인맥이 되는 것이다."라는 말이다.

나는 변하지 않으면서 기술적으로 좋은 인맥을 만나려고 노력하는데는 한계가 있을 수밖에 없다. 돈으로 인맥을 평가하긴 뭣하지만, 나의 연봉 수준은 나를 둘러싸고 있는 주위 사람들의 연봉의 평균이라는 말이 있다. 그만큼 나도 모르는 사이 나와 비슷한 사람이 나의 인맥으로 형성되니 나부터 좋은 인맥이 되려고 하는 것이 중요하다는 뜻이다.

효리 씨는 평생의 반려자 상순 씨를 만나는 과정을 회상하면서, "좋은 사람을 만나려고 눈 돌리면 없고, 나 자신을 좋은 사람으로 바꾸려고 노력하니 오더라."라고 말한다. 듣고 있는 아이유 씨는 그냥 흘려 들었을지도 모르지만, 이 말 속에는 실천하기 쉽지 않은 중요한 메시지가 숨어 있다.

젊은 시절, 세상을 바꿔 보겠다는 큰 꿈을 가지고 노력하다가 중년이 되어 그것이 쉽지 않음을 알았다. 주위 가족, 친구들만이라도 바꿔봐야겠다는 목표로 수정한 후 나이가 더 들어 인생의 종착 지점에 와서 결국 바뀌는 것은 아무것도 없음을 깨닫고서는, 다시 태어난다면 나부터라도 바꿔야겠다고 했던 어떤 구도자의 깨달음도 같은 이치다. 세상뿐 아니라 주위 사람을 내 뜻대로 바꿀 수 있는 방법은 내가 조금씩 바뀌는 방법밖에 없다고 한다.

효리 씨는 원하는 사람을 만나기 위해서는 내가 먼저 그런 사람으로 바뀌도록 해야 한다는 말을 한 것이다.

그리고 그녀는 다음과 같이 이야기를 이어간다.

"여행도 많이 하고, 책도 많이 보고 경험도 많이 쌓으면서, 좋은 사람이 나타났을 때 알아볼 수 있는 지혜를 가져야 한다."라고.

이 말은 내가 바뀌는 방법을 얘기한 것이다. 그냥 가만히 기다린다고 내가 좋은 모습으로 바뀔 수는 없는 것이다. 여행이나 책, 그리고 다양한 경험을 통해서 나를 조금씩 바꿀 수 있다는 말이다. 그렇게 하다 보면 사람을 볼 수 있는 지혜가 생기고, 그 지혜를 통해 좋은 사람을 판단할 수 있게 된다는 뜻이다. 결국, 좋은 사람으로 바뀌기 위한 나의 노력이 먼저인 것이다.

그런 준비 없이 과분하게(?) 좋은 사람을 만나는 경우도 있겠지만, 그런 경우 대개 행복하기보다는 재앙이 될 가능성이 높다. 왜냐하면 상대와의 의식 차이가 너무 클 수도 있고 서로가 진정으로 원했던 사람이 아니라 조건에 의한 결합이 될 수 있기 때문이다.

그러나 먼저 변하고자 하는 노력……. 특히 나로서는 여전히 쉽지 않다.

나는 먼저 변하고 있는데 세상이 혹은 상대가 너무 안 변한다며 답답해하는 나를 발견할 때가 많다. 사실 그 생각부터 변해야 하는 건데 말이다.

"누구나 세상을 바꿀 생각을 하지만, 자신을 바꿀 생각을 하는 사람은 없다(톨스토이)."

배려하는 말 습관

우연히 문 대통령의 메시지에서 말의 힘을 생각하게 되었다.

어느 날 아침에 나는 강경화 장관 임명과 관련한 TV 프로그램을 보면서 문재인 대통령의 코멘트를 유심히 보게 되었다(요즘은 자막이 나오기 때문에 듣는 것이 아니라 보게 된다). 그리고 출근한 뒤, 나는 그와 관련된 기사를 찾기 위해 인터넷을 샅샅이 뒤졌으나 관련 내용을 찾기는 쉽지 않았다. 인터넷에는 강 장관 임명 시 대통령이 강 장관에게 주문한 내용과 강경화 장관 임명을 반대해 온 야당의 반응과 앞으로의 협치 전망을 다룬 기사 일색이었지만, 내가 주의 깊게 들었던 두 문장을 발견하기는 쉽지 않았다.

하나의 문장은, 문 대통령께서 하신 말씀 중에 "외교부에는 능력 있는 엘리트들도 지나치게 외무고시 선후배 중심으로 좀 이렇게 폐쇄적인 구조, 이렇게 돼 있는 게 외교 역량이 더 커지지 못하는……"이라고 한 부분이 있었는데, 이 문장을 접하면서 나는 참 대단하다는 생각을 했다.

만약 나였으면 "외교부에는 능력 있는 엘리트들도 지나치게 외무고시 선후배 중심으로 좀 이렇게 폐쇄적인 구조, 이렇게 돼 있는 게 외교역량이 부족한 원인이 되고 있다."라고 했을 가능성이 높다. 차이점이 눈에 띄지 않는다면, 우리가 외교부 직원의 입장이었다고 생각해 보면 금세 알 수 있다. 후자는 현재를 문제 있는 상황으로 보았지만, 전자의 발언 에는 지금도 외교역량이 크지만 더 커지지 못하는 원인으로 설명을 함 으로써 구성원들에게 현재도 잘하고 있지만 더 잘하자는 메시지를 보 낸 것이다.

이렇게 비슷한 말 한마디가 완전히 다른 메시지로 바뀐다. 또 하나 주목한 문장은 "외교부 공무원들 개혁 대상 아냐… 개혁 주체 돼야."라 는 메시지였다.

조직 생활을 하다 보면 늘 변화의 상황 앞에 놓이게 된다.

그러한 변화 앞에 어떤 사람은 저항만 하다가 어쩔 수 없는 상황이 되어 받아들이는가 하면, 어떤 사람은 그 변화를 주도적으로 이끌면서 즐기는 사람이 있기 마련이다. 세상은 후자와 같은 사람들에 의해 조금 씩 발전해 간다고 믿는다. 문 대통령은 외교부 직원들을 개혁 대상으로 본 것이 아니라 개혁 주체로 본다면서, 함께 변해 가자는 메시지를 전한 것이다. 즉 함께 주도적으로 더 잘하자고 당부한 것이다.

이런 메시지들은 문 대통령이 직접 전달한 것인지 아니면 보좌관들 의 도움으로 준비된 것인지는 모르지만, 새로운 정부의 개혁 속에서 막 연한 불안 속에 놓여 있는 구성원들에 대한 메시지 하나에도 구성원의 입장을 잘 배려하고 있다는 느낌을 갖게 된다.

같은 표현이라도 어떤 상황에서 하느냐에 따라 상대는 완전히 다르게 받아들여지는 다음과 같은 예도 있다. 나는 지금까지도 그때 상황만 생각하면 상대에 대해 죄송하고 미안한 감정을 떠올리게 된다.

당시 나는 한 교회에 출석하고 있었는데, 담당 목사님은 여러 가지 면에서 참 존경받을 만한 분이었지만 어려운 목회를 하시면서 사회 통념상 적정한 처우를 받지 못하고 있다는 생각을 하고 있었다. 지인들과의 만남에서 우리 목사님은 이렇게 훌륭하신 분인데도 150만 원 정도로 '일용근로자'보다 못한 처우를 받고 계신다고 했다. 그런데 그 자리에는 그 정도의 월급으로 생계를 유지하고 있는 다른 분이 있었다. 지금도 그때만 생각하면 얼굴이 화끈거린다.

내가 만약 그 정도의 처우를 받으면서 생활하고 있었다면 절대로 그런 얘기를 하지 않았을 것이다. 이렇게 우리는 자기 입장에서 함부로 이야기하고는 후회하곤 한다. 의도하지는 않았지만 내가 그분에게 큰 상처를 주었을 수도 있다고 생각하니, 지금도 미안한 마음을 떨쳐 버릴 수가 없다.

관계가 미래다

직장생활을 하면서 평생 월급으로 살아온 사람은 가계 재정에 위기를 겪는 경우가 거의 없겠지만, 조기에 퇴직을 하게 되거나 중간에 나와서 사업을 하다가 크게 실패를 하고 부채를 안고 신용불량자가 되는 경우도 종종 있기 마련이다. 이렇게 되면 재정 상태가 극도로 힘들어지기 때문에 가장으로서 무엇이라도 해야 하지만, 큰돈이 없는 상태에서는 할 것이 마땅찮게 된다. 그래서 택하는 일이 밑천 없이 바로 시작할 수 있는 대리 운전이나 택시 운전인데, 한때 나와 함께 직장에서 근무했던 몇몇 분들도 사업을 하다 어려움을 겪으면서 현재 운전으로 생계를 유지하는 분들이 있다.

근데 이런 분들 앞에서 어떤 성공한 사람이 자신의 과거를 이야기하면서, 과거 힘들었을 때, "택시 운전이라도 해야 하나?"라고 고민한 적이 있다고 했다면 이것 역시 큰 실수가 되는 말이다. 자신이 처했던 입장을 쉽게 설명하려 든 예에 해당하는 말이었겠지만, 그 말은 상대를 아프게 하는 말이 될 수 있는 것이다.

일상에서 늘 주고받는 말을 어떤 상황에서 어떻게 하느냐에 따라 상대가 받아들이는 것은 완전히 달라질 수 있다는 것을 알게 된다. 자신의 의도와 상관없이 조그만 말실수가 큰 위기를 불러일으킬 수도 있고 또한 조그마한 배려가 상대를 기분 좋게 하고 호감을 갖게 만들기도 한다.

우리가 일상에서 주고받는 말에서 어떤 말은 상대를 배려하는 말이 되어 원활한 소통을 이끌어 내지만, 어떤 말은 상대에게 큰 상처를 주는 것을 보면서 한 번 더 생각하고 천천히 말하는 습관의 중요성을 알게 된다.

무임승차에 병든 학생들

"교수님! 그룹 과제는 안 됩니다. 절대 안 됩니다. 무임승차하는 친구들이 있어서 안 됩니다."

요즘 학생들은 상대평가로 학점을 받게 되니, 그룹별로 과제를 해서 그룹 성과에 의해 같은 점수를 받는 것을 원하지 않는다. 좋은 동료를 만나 좋은 결과로 이어지는 경우도 있었겠지만 대체로는 서로 어색하게 만나 소통하기가 만만치 않은 데다 일부 학생들은 아예 과제에 참여치 않고 무임승차 하는 경우가 있어 꺼리는 것이다. 그래서 그룹별 과제나 발표를 하겠다고 하면 반드시 몇 명은 안 된다는 메일이나 문자를 보낸다. 설사 조별로 과제를 하더라도 학점이 뛰어난 학생끼리 묶어 달라 하기도 하고, 성비 균형에다가 서로 얼굴을 알면 상대적으로 유리할 것이므로 같은 과끼리 묶지 않도록 요청하기도 한다.

사람은 태어나면서부터 관계를 맺고 살아갈 수밖에 없고, 사회생활이란 것도 결국은 사람들 간의 관계 맺기라고 볼 수 있어, 대학에서부터 다른 사람과 협력하는 방법을 배우는 차원에서 그룹 과제하는 것을 긍정적으로 생각해야 한다고 설득해보지만 만만치 않다.

현재 우리 사회의 모습이 이전보다 발전된 모습이라고 가정할 때 그

발전의 힘은 사람들 간의 협력과 경쟁 속에서 이루어져 왔다고 생각한다. 인간 개개인으로는 조직에서 나오는 시너지를 당해 낼 수 없다. 그래서 조직 속에서 함께 일하는 방법을 배워야 한다. 뿐만 아니라 조직 속에서의 경쟁도 필요하다. 만일 조직이나 개인 간 경쟁이 없었다면 지금과 같이 빠르게 인류들이 만든 업적에 이르기 힘들었을 것이다.

결국, 경쟁 속에 협력하는 방법을 알아가는 것이 바람직한 사회인이 되어 가는 과정이라고 볼 수 있다. 그러나 조직 속에는 항상 무임승차하는 부류가 생긴다. 그래서 수많은 조직 이론가들은 이 무임승차자를 막기 위해 많은 연구를 해왔지만 근본적으로 피하기는 쉽지 않은 것 같다.

이런 무임승차는 개개인의 책임과 직접적으로 연결되지 않는 사회공공재로 가면 더 심각해진다. 가령, 우리가 현재 누리고 있는 '자유'라는 공공재에 대해서 생각해 보자. 우리가 함께 누리는 이 '자유'라는 공공재는 다 같이 지키려고 노력해야 잘 유지되고 발전될 테지만, 내가 노력한다고 해서 갑자기 주어지는 것도 아니고 또 내가 노력하지 않는다고 해서 나를 제외하지도 않을 것이기 때문에 나는 무임승차하는 것이 최고의 처신일 수 있다. 그렇지만 모든 사람이 나 같은 생각을 했더라면 지금 누리는 이 '자유'는 요원했을 것이다.

우리 선배들이 대학 다닐 때인 1960~70년대만 해도 대통령의 정치내용이나 정부에 대해 노골적인 불만을 드러내면 쥐도 새도 모르게 어딘가 끌려가서 고문을 당하고 있었을 수도 있었겠지만, 2018년 현재 그런 행동을 한다고 해서 그렇게 될 거라고 생각하는 사람은 아무도 없다.

나도 모르게 이만큼 많은 자유를 누리는 세상에서 살고 있지만, 현재의 자유는 그동안 누군가의 엄청난 희생과 대가로 이루어졌다는 것을 잊고 산다.

어쩌면 지금 누리는 '자유'라는 공공재의 혜택을 원래부터 주어진 것으로 생각하는 사람도 있을지도 모른다. 하지만 그렇지 않다. 60여 년의 세월이 흐르는 동안 현재의 자유를 위해 수많은 희생이 있어 왔다. 그런데 그런 사람이 그 공공재를 위해 희생할 때 대부분의 우리들은 그냥 방관하며(어떤 이는 빨갱이라고 손가락질하고 비난하며) 무임승차족이 되어 있었다는 것을 모르고 지낸다.

대학교에서 팀플(그룹 과제를 대학에서는 이렇게 말한다)을 하는 것은 사회 공공재와는 달리 당장 나의 점수와 직결되어 있는데도 불구하고 무임승차족의 문제가 발생한다. 이들로 인해 선의의 성실한 학생들이 피해를 보면서 팀플에 대한 부정적인 반응이 나오는 것이다.

팀플을 싫어하는 학생 중에는 무임승차족 때문에 그런 경우도 있지만, 몇몇 학생의 경우는 다른 학생과 함께하는 것을 무조건 싫어하기도 한다. 이런 학생들은 다른 학생과 말 섞는 것 자체를 싫어하거나 혼자하면 더 잘할 수 있는 일을 팀플을 함으로써 오히려 더 못한 결과를 초래할 것이라고 생각하는 학생들이다. 이런 학생들이 사실은 팀플이 제일 필요한 학생들이다.

보다 근본적인 원인에는 자본의 경쟁 원리 속에 살아가면서 함께 도와주며 사는 방법보다는 상대를 제쳐야 내가 살 수 있고 평가도 상대평가를 통해 협력할 수 없는 분위기가 된 것이 요즘 대학생들의 팀플에 대한 현상을 만든 것은 아닌지 돌아볼 필요가 있다.

현상이 그렇다 하더라도 우리 사회는 사람들 간의 협력과 경쟁 속에서 성장한다. 그렇지 않다면 조직이란 개념이 생기지 않았을 것이다. 기업 조직은 말할 것도 없고 몇몇 사람이 모이면 반드시 조직이 만들어진다. 개인이 일하는 것보다 조직을 만들어 일하면 시너지를 낼 수 있기 때문이다.

그러나 조직이 형성되는 순간, 조직 속의 사람들 사이에 갈등이 시작된다. 그 갈등을 생산적인 갈등으로 승화하지 못하면 개개인으로 일할 때보다 성과가 떨어질 수도 있다. 이를 역시너지 현상이라 한다. 그래서 사람들 간에 협력하면서 경쟁하는 방식을 아는 것이 중요하다.

몇몇 학생의 불만에도 불구하고 나는 이번 중간고사 과제를 팀플로 부여하기로 결정했다. 대신 무임승차로 인해 힘들어하는 학생들을 위해 최대한 학생들의 생각을 반영해 보았다.

과제수행을 혼자서 할 수도 있고, 2명 혹은 3명으로도 할 수 있게 했다. 팀플을 희망하지 않은 친구들은 혼자서 할 수 있게 한 것이다. 대신 팀플을 하는 조의 경우에는 조금의 가산점을 부여하기로 했다. 2명으로 하는 경우는 0.5점, 3명으로 하는 경우는 1점씩 더 부여하여 여러 사람이 모여 팀플을 할 경우의 어려움을 인정해 줬다. 그리고 팀은 자율적으로 맺도록 만들어 등록하면 인정해 주기로 했기 때문에, 아는 학생이 없어 팀플을 하고 싶으나 함께할 학생을 찾기 어려운 경우는 나에게 개인 문자를 달라고 해서 내가 중재를 해줬다.

그렇게 했더니 대상자의 70% 이상의 학생이 자율적으로 팀플에 참여했다. 몇몇 학생들은 파트너를 구해달라고 요청이 왔다. 개인이 과제를 하겠다는 학생을 상대로 전화를 해서 몇 팀 더 만들었다.

　내가 조금 힘들긴 했지만 이렇게 해서라도 팀플을 하는 게 의미 있다고 생각했다. 앞으로 조직 속에서 수많은 세월을 살아갈 우리 학생들이 벌써부터 혼자서 살아가는 데 익숙하게 만들어서는 곤란하다고 생각했다. 그럼에도 끝까지 혼자 하겠다는 학생들을 의견도 존중한 것은 이런 친구들을 억지로 팀을 맺게 하기보다는 스스로 필요함을 느끼게 만드는 것이 중요하다고 생각했기 때문이다.

　이제 중간고사 날에 그룹별 과제 발표가 진행된다. 발표는 혼자서 과제를 한 친구에게도 자격이 주어진다. 발표를 하고 자신들끼리 평가를 하게 할 것이다. 그래서 서로 협력하면서 경쟁하는 방법을 배우게 될 것이다.

관
계
가
미
래
다

비합리적인 욕심

한 모임의 참석을 두고 고민에 빠진 적이 있다.

그 모임을 주관하는 사람은 나에 대해 좋지 않은 감정을 갖고 있음을 여러 경로를 통해 확인할 수 있었기 때문이다. 그 원인은 모르지만 아마도 나의 어떤 태도가 그 사람을 불편하게 했을 것이다. 그 사람으로 인해 다른 사람과의 만남까지 포기할 수는 없다는 생각에, 또 어떤 오해가 있을 수도 있다고 생각했기 때문에 그 모임에 나가기로 했다.

"나는 내가 아는 모든 사람에게서 사랑받고 인정받아야 한다."

엘리스란 심리학자가 11가지 비합리적인 신념에서 제일 첫 번째로 언급한 인정의 욕구에 대한 비합리적인 신념이다. 주위 모든 사람들에게서 사랑받는 것은 바람직한 일이지만, 모든 이로부터 인정받는 것은 달성하기 불가능한 일이므로 합리적인 사람은 타인의 관심과 소망을 인정받기 위해 자기를 희생하지는 않는다는 것이다.

모든 사람에게서 사랑을 받을 수는 없다는 것을 확인하려면, 정치를 하는 사람의 지지도를 보면 된다.

아무리 지지율이 높은 지도자라 하더라도 70% 이상의 지지율을 받기란 쉽지 않다. 설사 80%의 지지율을 받는다 할지라도 20%는 그 지도자를 어떤 이유에서건 싫어한다. 100만 인구라 하더라도 무려 20만에 해당하는 사람이 그를 싫어하는 셈이다.

이렇게 생각해보면 모든 사람으로부터 인정을 받겠다고 하는 것이 얼마나 부질없는 생각인지 알 수 있다.

그런데 개인적인 인간관계로 오면 그게 쉽지 않다.

정치 현장은 불특정다수로부터 받는 선호도이지만, 뻔히 아는 지인 관계로부터 나를 싫어한다는 느낌을 갖는다는 것은 유쾌한 일이 아니다. 그래서 자신도 모르게 자신이 만나는 모든 사람으로부터 인정과 사랑을 받고 싶어 하고 확인하려 한다.

그렇지만, 남이 나를 좋아하고 싫어하는 것은 나의 영역이 아니란 것을 안다. 남이 나를 싫어하는 것을 내가 어떻게 할 수 없다는 말이다.

그런데 다른 사람이 나를 싫어하는 것이 오해에 의해 형성된 부분이 있을 수 있고, 나만의 생각일 수도 있기 때문에 확인 절차는 필요하다. 하지만 어색한 관계에서 먼저 다가가 대화를 하는 것도 쉬운 일은 아니다.

그래도 요즘 나는 이런 어색한 관계를 깨려고 하는 편이다. 어려웠던 사람에게 먼저 다가가 물어보기도 하고, 싫어하는 듯한 사람과도 억지로 약속을 잡아 만나서 풀어보려고도 한다. 이렇게 한 후에도 서먹한 관계가 유지되면 그뿐이다. 그 일로 내가 스트레스는 받지 말아야겠다고 생각하고 잊어버리려고 한다.

이러한 사람들 간의 관계를 자세히 들여다보면, 인간적인 관계에서 발생하기보다는 그 사람이 가진 지위나 권위에 의해 결정될 때가 있다. 다시 말해 내가 어느 정도 위치에 있을 때는 자연스럽던 관계가, 내가 조직에서 내려와 자연인이 되었을 때 불편해지는 경우가 있다. 그때 마음을 관리하기란 쉽지 않다. 그 전까지 그 사람과 만남은 나와의 이해관계 때문이었다는 것을 확인하게 되기 때문이다.

그렇지만 이 부분도 어떻게 할 수 있는 부분이 아니다. 정도와 시기의 차이는 있겠지만 누구나 화려했던 현역 시절을 마치고 조직에서 내려오게 되어 있고 그런 순간을 맞게 된다. 어쩌면 그 순간을 맞고 난 뒤에 이루어지는 만남이 진정한 만남이 될지도 모른다.

그 모습 그대로를 인정하고 그것이 나에 대한 비호감으로 다가오더라도 섭섭해하거나 아파하지 말아야 한다. 어차피 사람은 모든 이로부터 인정받고 사랑받을 수 없기 때문이다.

하나의 해법이 있다면, 그냥 먼저 다가가고 먼저 베푸는 거다. 그리고 다른 기대를 말아야 한다. 그다음 나를 판단하는 것은 그 사람의 영역이지 나의 영역은 아니다. 그 사람의 영역을 나의 영역으로 생각하는 순간 불행이 시작된다.

나를 사랑해주고 나를 아껴주는 사람에게 최선의 삶을 다하기에도 시간은 너무 짧다. 톨스토이의 말이 생각난다.

가장 중요한 때란
바로 지금, 이 순간이란다.

가장 중요한 사람은

지금 너와 함께 있는 사람이고,

가장 중요한 일은

네 곁에 있는 사람을 위해

좋은 일을 하는 거야.

그리고 상대의 반응에 관계없이 하루하루 즐겁게 사는 삶!

그렇게 살기에도 우리 시간은 부족하다.

유익한 똥꼬 수술

나는 최근 잦은 혈변이 원인이 되어 간단한 수술을 하게 되었다. 지금은 회복 중인데, 수술 절차가 생각보다 간단하고 금세 일상으로 돌아갈 수 있을 것 같아 놀라고 있다. 무통증 주사란 것이 있어 통증도 거의 느끼지 않은 채 퇴원을 하고 이 글을 쓰고 있다. 십 년 전에 같은 수술을 했던 친구의 엄포와는 딴판이다. 그만큼 의료 기술의 진전이 있었던 것 같다.

개인에 따라 다르기는 하지만 사람의 몸도 50년 이상 사용하면 몸의 여러 부분에서 자꾸 고장이 난다. 지금 젊은 분들은 전혀 이해 못 할 몸의 이상이 하나씩 발생하는 것이다. 당뇨나 혈압과 같은 성인병에서부터 소변, 대변과 같은 배변기능, 소화기능, 어깨, 허리, 보고 듣고 씹는 기능까지 문제가 생기면서 병원을 자주 찾게 된다.

과거에 나는 운동하다가 무릎 인대가 파열되어 오른쪽 다리 수술을 하고 15년쯤 뒤에 왼쪽마저 같은 수술을 하게 되었다. 한쪽이 불편하면 나머지 한쪽을 많이 쓰게 되면서 생기는 현상이라 했다. 같은 수술이었지만 첫 번째 수술에서는 전신 마취 상태에서 6시간 동안 수술을 했다. 수술 후 회복 기간도 깁스를 한 채로 3주 이상이나 걸렸다. 반면에 나중에 한 왼쪽 다리 수술은 한 시간 정도에 하반신 마취로 의식이 있는 상태에서 수술했을 뿐 아니라 회복도 일주일 정도면 족했다. 고통의 강도와 회복 기간도 획기적으로 줄었던 것이다.

이렇게 큰 병이나 수술을 겪게 되면 그 분야에 대해서는 반쯤 의사가 되기 마련이다. 얼치기 의사가 되는 셈이다. 그래서 다른 사람이 같은 종류의 문제를 호소하면 "내가 해봐서 아는데…"라면서 자신의 경험을 이야기하게 된다.

그렇지만 위에서 보듯, 같은 문제로 수술을 했더라도 10년 정도의 기간이 흘렀다면 의술의 차이로 그가 겪은 고통, 경험은 완전히 달라질 수 있음을 알게 된다. 그렇지만 당사자에게는 자신이 겪은 경험만이 자신의 지식으로 무장되어 있을 뿐이다.

이런 우스갯말을 들은 적이 있을 것이다.

"사람은 누구나 마음속에 두 마리의 개를 키우고 있다. 그게 무슨 개인지 아느냐?" 답은 "선입犬과 편犬"이다. 이어서 두 번째 질문이 던져진다.

"그런데, 이 두 마리 개를 일거에 쫓아버리는 좋은 개가 있다. 그 개 이름은 뭔지 아는가?" 답은 "백문이불여일犬"이다.

기발하지 않은가? 이 이야기를 우스개로 생각할 수도 있겠지만 "아는 것이 힘이다."라는 말로 유명한 철학자 베이컨의 경험주의 철학을 쉽게 설명한 예가 된다. 베이컨은 관찰과 실험을 통해서만이 참된 지식에 이를 수 있다며, 인간의 참된 지식을 아는 데 방해하는 게 편견이라고 하였다. 그는 그 편견을 만드는 4가지 우상을 제시하고 있다. 이 4가지 우상은 종족의 우상, 시장의 우상, 극장의 우상, 동굴의 우상인데 이런 우상으로 인해 선입견과 편견이 생기게 되고 이것을 타파하기 위해 직접 관찰과 실험을 통한 경험을 하고 판단해야 한다는 것이다.

그런데 그가 말한 4가지 우상 중에 동굴의 우상은 우리들의 이전 경험(성장 과정, 성격, 생활환경 등)으로 인해 생기는 편견을 말한다. 다시 말해 자신이 가진 경험 때문에 그 경험의 동굴 속에 갇혀 사물을 잘못 판단하게 되는 현상이란 것이다. 이처럼 이전 경험에 의해서 편견이 생긴다면 경험을 통해서 자신의 동굴에서 벗어나야 한다는 베이컨의 말은 모순이 되는 것일까? 아니다. 그래서 한 번 경험한 내용에 머물지 말고 새로운 경험을 통해 이전 경험을 꾸준히 수정해 나가야 한다는 뜻이다. 그렇지 않으면 이전의 자기 경험만을 통한 고집스런 편견으로 무장한 채 자신의 동굴에 갇혀버리는 것이다.

10년 이상의 세월을 두고 하게 된 같은 수술 과정을 통해 겪게 되는 경험 내용은 완전히 달라졌음을 알게 된다. 이처럼 우리들의 이전 경험은 현재 경험과 다를 수 있음을 인정하고 끊임없이 노력하지 않으면 다시 자신의 이전 경험의 틀 안에 갇힐 수 있음을 깨닫게 된다.

경험을 하려고 노력하되, 자신의 이전 경험만으로 함부로 주장하기 전에 다른 사람의 경험을 열린 마음으로 받아들이자. 자신의 경험도 늘 새로운 경험으로 변경해 나갈 때 자신의 경험이 더 빛나는 지혜가 될 수 있다는 깨달음을 2박 3일의 '똥꼬' 수술을 통해 얻게 된다.

관계의 고수

"당신 글에 힘이 많이 빠져서 읽기 편해요."

요즘 아내가 내가 쓴 글을 보고 종종 하는 말이다. 글을 쓰는 게 운동하는 것도 아닌데, 힘이 빠진다는 말이 무엇일까?

모든 운동은 어느 정도 수련이 되면 힘이 빠지는 걸 알게 된다. 골프를 잘하는 분에게 어떻게 하면 골프를 잘할 수 있느냐고 물으면, "힘을 빼세요."라고 한다. 골프뿐 아니라 모든 운동을 보면 고수들에게는 힘이 느껴지지 않는다. 모든 운동에 익숙해진다는 말은 힘을 뺄 수 있는 단계까지 갔다는 말로 바꿀 수 있을 것이다.

무술의 고수들도 마찬가지다. 무림의 고수가 될수록 힘이 빠져 몸은 흔들흔들 부드럽게 움직이지만 무예는 뛰어남을 알 수 있다. 힘을 쓰는 모든 일은 힘을 빼야 잘할 수 있다. 장작을 패는 일이나 잔디를 베는 일도 고수들은 힘들이지 않고도 훨씬 많은 양을 깔끔하게 잘하는 것을 보게 된다.

아직 설거지를 많이 하지는 않지만, 가끔 설거지를 도와주면서도 힘 빼기가 중요함을 느끼게 된다. 초반에 도와줄 때만 하더라도 그릇이 손에서 잘 미끄러져 나가고 시간도 많이 걸릴 뿐 아니라 설거지를 마치고 나면 상의의 상당 부분이 물에 젖어 있는 것을 발견한다. 그렇지만 익숙해지고 난 뒤에는 훨씬 많은 분량의 설거지도 그릇이 서로 부딪히는 소리 없이 물도 튀기지 않으면서 더 빨리 잘할 수 있게 되었다. 한마디로 말하면 힘이 빠졌다. 요령을 알게 되니 설거지하는 일에도 힘이 빠지게 되는 것이다.

그렇게 보면 모든 일에 있어 힘이 빠지는 것이 참 중요하구나 하는 것을 깨달으며, 사람과의 관계에서도 마찬가지란 생각을 해보게 된다.

조금 알고, 조금 힘이 있을 때는 더 아는 척하고 힘자랑을 하지만, 어느 정도 수준에 오르면 오히려 지켜보고 상대방을 이해하려 하고 상대방의 행동에서 나의 부족한 면을 먼저 보려 하고 배려하게 된다. 힘이 빠지고 있는 셈이다. 성장해 갈 때는 도토리 키 재듯이 서로 악다구니를 써가며 자신을 드러내려 하지만 제대로 성장하면 그런 행동이 사라진다.

우리 사회에서 진정으로 존경받는 분들을 생각해 보라. 인류의 구원자라는 예수를 비롯해서 테레사 수녀, 법정 스님과 간디 같은 분들에게서 완력을 느낄 수는 없지만 그분들에게서 알 수 없는 힘을 느끼게 된다.

우리는 알게 모르게 상대에게 과시하려 들고 힘을 드러내려 한다. 그런데 힘은 드러내려 애쓰면 애쓸수록 그 힘이 약해진다는 것을 알 수 있다. 진정한 힘은 자신의 힘이 빠졌을 때 나타나기 시작하는 법이다. 자신이 그 힘을 드러낼 의지가 없어졌을 때 오히려 힘이 생기는 것이다.

그래서 글 쓰는 일도 마찬가지인가 보다 하고 생각하게 된다. 글 속에 내가 드러날수록 그 글의 힘은 더 약해지는 것 같다. 내가 빠지고 내가 드러나지 않고 힘이 빠졌을 때, 내 글의 힘은 오히려 커진다는 것을 아내가 말해 준 셈이다. 글의 힘은 나의 성장과도 연결되어 있는 것 같다. 나의 의식이 커질수록 글의 힘은 더 빠지고, 그 글을 읽는 사람들은 나의 글을 더 편하게 여기게 되고, 그 결과 글에 힘을 얻게 되는 것이다.

힘을 빼는 일이 힘을 얻게 만드는 역설이다. 글뿐 아니라 세상 모든 일이 그런 것 같다. 사람과의 관계에서도 마찬가지다. 진정한 힘은 바깥으로 나오는 힘이 아니라 내면 성장에 의해 갖춰진다.

송이의 수술과 자기 기준

송이라는 이름의 예쁜 딸을 가진 부모라면 이 제목에 당황했을 수도 있겠다. 송이는 11살 된 우리 집 푸들의 이름이다. 사람 나이로 보면 70세 가까이 된 나이라 한다.

이 녀석이 입원을 하고 수술을 했다. 조그마하던 혹이 온몸으로 번지고 커졌다. 처음에는 악성이 아니라 하기에 그냥 두는 게 나을까 해서 지켜보다가, 최근에는 부위가 더 붓고 고통스러워하는 것 같아 수술하기로 한 것이다.

수술하러 가는 아침, 병원까지 내가 데려다 주기로 했다. 평소에 그렇게도 바깥에 나가기를 좋아하는 녀석이 그 날은 품 안에서 계속 바들바들 떨었다. 그냥 떠는 정도가 아니라 내 몸이 흔들릴 정도로 떨면서 안겨 있었다. 차 안에 들어가서 조수석에 내려놓고 차 문을 닫고 시동을 거는데, 바로 바깥으로 나가려고 달려든다. 왜 이러지? 뭔가 알고 이러는 걸까?

간단한 동의 절차를 마치고 수술이 진행되었다. 수술을 하는 동안 미국에 있는 아들 부부를 비롯하여 직장에서 근무하고 있던 작은 아들, 아내에 이르기까지 종일 카톡방에서 노심초사하며 서로 송이의 안부를 물었다. 수술을 마친 수의사 말에 따르면 상황이 생각보다 훨씬 심각해서 배 전체를 가르고 여러 곳에 있는 혹을 떼어 낸 후, 가슴 쪽에 피부 숨구멍까지 여러 곳을 뚫어야 했다고 했다. 온몸 전체를 붕대로 감고 입으로 물고 뜯지 못하게 얼굴 가리개를 하고 병원에서 하루를 묵은 뒤 집으로 돌아왔다.

멀리 옛날 일도 아니다. 내가 어렸을 때인 1960년대쯤만 하더라도 강아지를 의료 보험도 안 되는 큰 수술을 하고 걱정까지 했다고 하면 대부분 말도 안 된다며 웃을 일이겠지만, 지금은 이런 얘기를 하면 주위 사람들도 대체로 이해를 하는 분위기다. 특히 강아지를 기르는 집의 사람들은 충분히 공감을 한다.

지금도 후진국의 개들은 그런 대접을 받기 힘들 것이다. 먹고살기도 힘든 지역에서는 더 그럴 것이다. 사람에 대해서는 논외로 하더라도 선진국과 같이 경제 형편이 나은 지역에 사는 동물이라고 이런 대접을 받는 게 맞을까? 동물 애호론자들이야 당연히 그렇다고 할지 모르겠다. 그렇다면 우리 식탁에 오르는 소, 돼지, 닭들과 같은 생명이 있는 모든 동물은 같은 식으로 대우 받아야 하지 않을까?

사실 이번에 들어간 수술비면 지금도 약값이나 수술비가 없어 목숨을 잃어가는 지구상의 수많은 사람을 살릴 수 있는 돈이다. 그렇지만 그들은 나와 가까이 있지 않다는 이유로 나의 마음을 아프게 하지 않기 때문에 관심 대상에서 멀어져 있다.

생명에 대한 존중 차원이라면 분명이 같은 대접을 해야 할 것이다. 그래서 '그 기준이 뭘까?'라는 생각을 해본다. 결국은 가까이 있어 내가 알고 있는 생명체이고, 그 생명체도 나를 인식하고 있다는 게 가장 큰 이유가 될 것 같다. 좀 더 고등 동물일수록 사람을 인지하는 능력이 더 뛰어날 것이고 그런 동물일수록 사람에게 더 대접받을 확률이 높아지는 게 아닐까 싶다. 물론, 그만한 환경이 갖춰질 때 가능한 이야기다.

결국은 자기 기준인 것이다. 송이는 내가 알고 있고 나와 함께 살면서 함께한 소중한 동물이지만, 우리 송이를 모르는 다른 이에게는 그냥 개라는 동물일 뿐이다. 이렇게 보면 우리는 내 곁에는 있지 않지만, 사람으로 태어났어도 지금 나의 송이만도 못한 대우를 받는 사람이 이 지구상에 많다는 것을 잊고 산다. 단지 내가 모르는 먼 거리에 있다는 이유로…….

인간이 합리적이라면, 같은 사람이고 더 공감할 수 있는 사람에게 먼저 그 돈을 써야 옳을 것이다. 그렇지만 그건 내 문제가 아닌 것이고, 그 나라의 문제라고 생각하고 쉽게 잊어버린다.

송이의 수술을 보면서 나의 기준에 의해 남의 소중한 기준이 무시되고 있지는 않은지 생각해 보게 된다.

'나는 누가 뭐래도 CEO'

우리는 누가 뭐래도 내 인생의 CEO입니다. 인생의 CEO가 되기 위
해 꼭 필요한 것들입니다.

- 글쓰기
- 시간 관리
- 책 읽기
- 여행하기

다시 대학에서 한 과목만 듣는다면?

"다시 대학으로 돌아가서 꼭 한 과목만 더 듣는다면 어떤 과목을 듣겠습니까?"

학생의 질문이다.

나의 답은 '글쓰기' 과목이다.

내가 대학 다닐 때만 해도 이런 과목은 없었던 것 같다. 요즘은 거의 모든 대학에서 글쓰기에 대한 과목을 개설하고 있다. 그렇지만 필수 과목은 아닌 듯하다.

왜 글쓰기 강의를 선택했을까? 나는 너무 늦게 그 중요성을 깨달았고, 좀 더 일찍 알았더라면 하는 아쉬움이 있었기 때문이다.

우선 글은 쓰는 것은 말할 것도 없고 읽는 것도 쉽지 않다. 간단한 글을 읽는 것은 몰라도 페이지가 넘어가고 책의 형태가 되면 더욱더 읽기가 어려워진다. 책을 읽는 것은 가만히 앉아서 눈과 머리로만 보는 활동인데도 엄청난 에너지가 소모되기 때문이다. 그래서 책을 읽지 않던 사람이 책을 읽으려면 많은 노력이 필요하다.

둘러보면 대체로 책을 많이 읽는 사람과 거의 읽지 않는 사람으로 분류되지 중간이 거의 없는 이유가 바로 책은 습관화되기 전에는 읽기가 쉽지 않기 때문일 것이다. 운동을 매일 하거나 전혀 하지 않거나 하지, 어중간하게 하는 사람이 없는 것과 마찬가지로 독서도 습관으로 형성되어야 가능한 활동이 아닌가 싶다.

이런 독서보다 더 힘든 것이 글쓰기다. 글쓰기에는 눈과 머리뿐 아니라 손을 이용해야 하고 다른 사람이 만들어 놓은 내용을 받아들이기만 하는 것이 아니라 나의 생각을 만들어 내야 하는 활동이기 때문에 더 어려운 일이다.

나의 학창시절 기간을 돌이켜 봐도 글쓰기가 제일 힘든 과제 중 하나였다. 일기 쓰는 일부터 그랬다. 지금은 왜 그렇게도 어릴 때부터 일기 쓰는 일이 중요하다고 강조했는지 이해되지만 그때는 몰랐다. 글짓기 대회 같은 것이 있으면 나는 아예 대상이 아니었다. 그림 대회나 음악 대회는 간간히 나가 상도 받고 했지만 글짓기는 아니었다. 글짓기는 타고나는 사람만 하는 것이라 생각했다(이 말이 틀린 말은 아니다. 지금도 문학적인 글은 타고나야 가능하다고 믿는다).

그랬던 내가 지금은 이렇게 글 쓰는 것이 편해졌고, 벌써 3권의 책을 출간했다. 나는 원래 글을 잘 쓰는 사람이었는데 늦게 그 능력이 나타난 것일까? 아니면 노력해서 지금만큼의 글이라도 쓰게 된 것일까? 나는 단연코 후자라고 생각한다.

내가 쓰는 글은 시나 소설과 같은 문학적인 글이 아니다. 사람의 감동을 자아내는 소설이나 시와 같은 문학적인 글을 쓰는 것은 타고난 능력이 필요한 영역이라 생각한다. 나도 열심히 노력하면 이 분야의 글도 쓸 수 있지 않을까 하는 생각은 있지만 여전히 쉽지 않을 것 같다. 반면

문학적인 글이 아니라 나처럼 자기 생각을 옮기는 글을 쓰는 것은 누구든지 노력하면 가능하다고 생각한다.

"자기 생각을 글로 옮긴다." 이것이 글쓰기가 중요한 이유다.

글로 옮기기 전에는 자기 생각이 어떤 것인지 정리되지 않는 경우가 많다. 심지어는 자기 생각이 어떤 것인지 모를 때도 있다. 이때 그 생각을 글로 옮기다 보면 정리가 되기 시작한다. 그리고 글로 옮기다 보면 자기 생각이 발전한다. 이것을 다른 말로 성장이라 한다. 그래서 글쓰기를 시작해야 한다.

명상이나 책 읽기를 통해서도 성장할 수 있겠지만, 글쓰기가 특히 효과적이라고 생각한다. 왜냐하면 글은 흔적이 남기 때문에 스스로 책임감을 갖는 효과 때문이다. 가끔 글쓰기라는 기교를 빌려 자신의 성장을 포장하는 사람들도 보게 되는데, 이런 사람은 아직 성장의 맛을 보지 못한 사람이다. 하지만 대부분 사람들은 글쓰기를 통해서 성장을 경험하게 된다.

여기서 성장의 잣대는 자기 자신이다. 나의 이전보다 성장한 것을 말하지 다른 사람과 비교한 성장은 아니다. 사실 책을 전혀 읽지 않은 사람이라 하더라도 자신보다 더 큰 성장을 이루고 있는 사람이 많을 것이기 때문이다. 다시 강조하지만 여기서의 성장은 나 스스로와 비교한 성장이다. 책을 읽고 생각을 옮기는 글을 적다 보면 자신이 성장함을 느끼게 된다.

무엇보다 조직 생활을 잘하기 위해서 글쓰기는 필수 능력에 속한다. 글쓰기는 직장인에게 가장 중요한 소통 수단이다. 각종 보고서와 기획서 이메일 등 직장인들은 매일 글로써 자신을 표현하여 자신의 능력을 발휘하고 평가받는다. 글을 잘 쓴다는 것은 커뮤니케이션 역량은 물론이고 창의력도 뛰어나 문제 해결력이 높다는 것을 의미하므로 직장에서 중요한 능력에 속한다. 경영학의 아버지 피터 드러커는 "비즈니스맨은 말과 글을 통해 다른 사람과 소통하는 능력에 따라 평가된다."라고 했다.

"미국 대학들은 글쓰기를 매우 강조하고 있다. 대부분 대학에 '글쓰기 센터(Writing Center)'가 있어 학생들에게 글쓰기 교육을 체계적으로 시킨다. 그중 하버드대의 글쓰기 교육은 혹독하기로 유명하다. 모든 학생이 의무적으로 글쓰기 수업을 들어야 하고, 대부분 과목에서 글쓰기 숙제를 내준다. 글쓰기 센터에서는 학부, 대학원 학생들을 위해 단계별로 다양한 글쓰기 교육 프로그램을 제공하고, 1 대 1 첨삭도 철저하게 해준다. 매사추세츠공대(MIT) 역시 학생들에게 글쓰기를 강조하고 있다(2017.1.4. 조선일보 김연주 기자)."

위의 기사에서 보듯 미국에서는 문과 이과 할 것 없이 글쓰기를 강조하고 있다. 우리 대학들도 이제 글쓰기 수업은 필수 과목이 되어야 하지 않을까 하는 생각이 든다.

다행히 교육 현장에서도 글쓰기 부분이 강조되고 있고, 최근 3년 사이에 글쓰기 강좌가 2~3배로 증가했다는 보고도 있다. 또한 어릴 때부터 자녀들의 글쓰기 능력을 기르기 위해 논술학원에 보내는 부모도 많다고 한다. 권귀현 글쓰기 전문 강사는 글쓰기는 '싫지만 정복하고 싶은, 나는 못 하지만 자식에게는 권하고 싶은 희한한 목표'라기도 한다.

어릴 적부터 글쓰기 훈련을 해왔으면 다행이지만 입학할 때 쓰는 자기소개서와 같이 특별히 글쓰기 기회가 주어지지 않으면 문자나 카톡 글쓰기 정도에 머물고 글쓰기가 일상화되어 있지 않다면 아직은 노력해야 한다. 그래서 대학에서는 반드시 한 학기 정도는 글쓰기 과목을 애정을 갖고 수강해야 하는 것이다. 여기서 애정을 갖고 수강하라는 표현을 쓴 것은 평소 글을 써보지 않은 학생에게는 대학 학점관리를 생각하면 글쓰기 과목이 탐탁지 않을 수 있지만, 미래를 위한 투자라 생각하고 들어야 한다는 의미에서 쓴 말이다.

글쓰기를 잘하기 위해서는 유시민의 '글쓰기 특강'에서도 말했듯이 먼저 많이 읽어야 한다. 처음 글쓰기를 시작할 때는 자기 생각을 옮기는 정도에 그치지만, 인풋이 없는데 아웃풋이 자꾸 나올 수는 없는 것이다. 글을 쓰다 보면 어느 때부터는 책을 읽어야 하겠다는 생각이 든다. 이 글만 하더라도 책과 강의 그리고 몇 개의 기사 내용과 나의 생각이 접목되어 쓰이는 것이다. 유시민 작가의 말대로 많이 읽는다고 잘 쓰는 것은 아니지만 많이 읽지 않고서는 좋은 글을 쓸 수 없다.

그리고 무조건 쓰기 시작해야 한다. 쓰면 쓸수록 느는 것이 글쓰기다. 내가 쓴 책을 보면 안다. 2012년에 처음 책을 내고 2015년과 2016년에 연속해서 출간했다. 나의 책 내용을 보면 나의 성장 정도와 글 쓰는 능력이 달라지고 있음을 알게 된다. 그래서 과거에 쓴 책은 창피해서 펼쳐보기가 싫어진다. 요즘 브런치나 블로그에 올리는 나의 글을 본 사람들은 또 과거와 달리 필력이 늘었다고 한다. 이것을 보면 글쓰기는 쓰면 쓸수록 는다는 말이 맞다. 지금 당장 쓰기 시작하는 것이 중요하다.

글쓰기는 4차 산업혁명 시대에도 유용하다. 글쓰기는 인공지능이 따라올 수 없는 인간의 능력인 종합능력, 창의력, 소통능력을 키워준다. 4차 산업혁명 시대를 대비해서 어느 때인가부터 코딩 능력이 중요하다며 어릴 때부터 프로그래밍을 가르치는 부모가 많아지면서 어린이들이 배워야 할 학원 과목이 하나 더 늘었다. 그런데 그 정도의 코딩은 컴퓨터가 더 잘한다. 그 시간에 글쓰기를 배우는 게 미래를 준비하는 더 현명한 태도라는 게 내 생각이다.

그리고 생각해보라. 사회관계망이 발달하면서 이제는 자신을 표현하고 소통하는 거의 유일한 방법이 글쓰기로 바뀌지 않았는가? 글을 통하여 자신의 실력을 드러내고 글 내용으로 자신의 인품이 드러나는 세상이다. 실제로 몇몇 기업들은 개인의 소셜 미디어를 보고 채용을 결정하기도 하고, 마케터를 채용할 때는 개인의 블로그 체크는 필수다. 이처럼 다가오는 미래를 위해서도 글쓰기는 필수 능력이다.

오늘 당장 일기부터 쓰기 시작하라.

그리고 반드시 대학 기간 동안 글쓰기 강의를 들어 두면 좋겠다.

적어야 산다

학생들에게 쓰는 일은 정말 중요하다는 강의를 했다.

메모하는 습관도 중요하고 목표도 적어 두는 것이 중요하다. 생각이 고정되기 때문이다. 적기 전에 갖는 생각은 상황에 따라 자꾸 유동적으로 변하고 흔들리게 되므로 적어두는 습관이 필요하다고 강조했다. 그래서 당장이라도 적기 시작하라고 주문하면서 일기부터 시작하는 것이 좋은 방법이라고 했다.

그러나 나의 주문이 통했으리라고 생각하지 않는다. 평소 기록하는 습관이 없던 학생이 강의 한 번 듣고 바로 적기를 실천할 리 없기 때문이다. 그런데도 불구하고 내가 그 말을 강조하는 것은 적기 시작하면 정말 인생이 바뀔 수 있음을 내가 체험했기 때문이고, 또 언젠가는 다른 어디에선가 비슷한 강의를 또 들으면 실천할 확률이 높아지지 않을까 해서이다.

누구나 자기가 쓴 책 한 권 쯤을 갖고 싶을 것이다.

가장 빨리 자기 책을 내는 방법은 글을 잘 쓰는 다른 사람에게 의뢰하는 방법이다.

즉, 대필 작가를 이용하는 것이다. 우리나라에도 이미 대필 작가협회가 있을 정도로 대필 작가가 작가의 한 영역으로 자리 잡고 있다.

재벌들이나 정치적으로 유명한 사람들이 주로 대필 작가를 이용해 책을 낸다. 본인은 구술하고 대필 작가들이 책을 쓰는 형태로 진행되어 책이 세상에 나온다.

그렇게 내는 책이 완전히 의미가 없는 것은 아니겠지만, 자신이 직접 써서 내는 책과 비할 바가 아닐 것이다. 굳이 비교한다면 에베레스트 등반을 직접 하는 것과 다른 사람을 통해 대리 만족하는 정도의 차이가 되지 않을까 싶다. 직접 써서 내는 책은 책이 되기까지의 과정에서 더 많은 것을 얻을 수 있기 때문이다.

그래서 직접 쓰기를 시작해야 한다. 그 시점이 대학이나 그 이전이면 훨씬 좋다. 원래부터 글을 잘 쓰는 능력을 타고난 사람들에게는 이 부탁이 필요 없을 것이다. 이 부탁은 작품이 되는 글을 쓸 사람이 아니라 보통 사람들에게 대한 주문이다. 일상의 삶을 위한 글쓰기를 말한다. 그럼에도 글을 쓴다는 것은 부담스런 일임에 틀림없다.

글쓰기가 너무 거창해 보이면 메모부터 시작하기를 권하고 싶다.

글 쓰는 것을 실행하기는 힘들어도 메모하는 것은 어렵지 않다. 메모 습관의 중요성을 강조한 책은 많다. 우리 두뇌의 기억력에는 한계가 있기 때문에 메모를 습관화해야 한다. 과거는 수첩에 메모를 했지만 지금은 메모를 위한 다양한 어플이나 프로그램이 많다. 직장에서나 사회에서나 대인관계를 제대로 하려고 해도 메모가 필수다. 메모를 잘하면 누락하는 일이 없어지고 그것이 신뢰로 연결될 수 있기 때문이다.

"기억을 믿지 말고 손을 믿어 부지런히 메모하라. 메모는 생각의 실마리, 메모가 있어야 기억이 복원된다. 습관처럼 적고 본능처럼 기록하라."
- 다산 정약용 -

 책을 500권이나 썼다는 다산 정약용 선생님 같은 분도 메모의 중요성을 이야기하고 있다. 습관처럼 적고 본능으로 기록하라는 말이 와 닿는다.

 하늘 아래 새로운 것은 없다는 말이 있다. 세상에 창조되는 것은 이미 있는 것의 발견이나 결합인 셈이다. 그래서 메모를 잘하는 사람이 창의적이다. 어떤 사람은 그 결합을 통해서 창의적이고 글을 잘 쓰는 사람이 되고, 그렇지 않은 사람은 자기소개서 하나 쓰는 것도 힘들어지게 된다.

 아무리 똑똑한 사람도 홍수같이 쏟아지는 정보를 모두 습득하여 자기 것으로 활용할 수는 없다.

 컴퓨터도 보조 장치란 것이 있지 않은가? 사람도 마찬가지다. 기본적인 지식은 머릿속에 두더라도 방대한 보조 자료는 메모를 해 두어야 나중에 활용할 수 있다. 머리를 저장 장치로만 사용해서는 안 된다. 머리는 저장 장치의 자료를 꺼내서 창조하는 데 사용해야 한다.

 인터넷 세상에서 언제든 검색할 수 있으니 찾아서 꺼내 쓰면 된다는 말은 다른 얘기다. 인터넷에서 꺼내 쓰는 것도 내가 경험해 보지 않은 지식은 때 맞춰 찾을 수가 없다. 적절히 활용할 수 없는 것이다. 아무리 세상에 지식이 널려 있다고 하더라도 내 것이 아닌 셈이다.

 내가 읽어 보고 의미가 있어 저장해 놓은 자료와 그냥 인터넷에서 필요할 때 찾아 쓰는 것과는 다르다는 뜻이다. 설사 내 컴퓨터에 저장되어 있다 하더라도 저장 당시 의미를 이해하고 저장한 자료가 아니면 거의 활용될 수가 없다. 그래서 기록하는 습관이 중요한 것이다.

메모를 계속하다 보면 자료가 쌓이게 되고, 그 자료를 폴더로 구분하여 저장하고 싶어진다. 그렇게 분류가 되기 시작하면서 나만의 데이터베이스가 만들어지게 되고 이러한 데이터베이스는 나중에 나의 글쓰기 능력이 합쳐져 나의 책으로 바뀌는 콘텐츠가 되는 것이다.

전문가가 되는 가장 손쉬운 방법 중 하나는 자신이 몸담고 있는 분야의 책을 발간하는 일이지 않은가?

책을 출간하는 일이 대부분 사람에게는 너무 멀게 느껴지는 얘기일 수 있다. 막연히 책을 쓰려고 하면 한 장도 쓰기 힘들 것이다. 그러나 메모 습관으로 자신의 자료가 모이기 시작하여 쌓이게 되면, 그 자료를 목차에 따라 체계적으로 나열하여 책이 될 수 있는 것이다.

메모하는 습관이 어느 정도 자리 잡게 되면 글을 쓰고 싶은 욕심이 생기게 된다. 처음에는 일기를 꾸준하게 써 보는 것이 가장 좋은 방법인 것 같다. 일기를 시작할 때는 그날 발생한 사실만이라도 기록한다는 생각으로 작성하다가 차츰 자신의 느낌도 적고 생각도 가미하면 된다. 즉, 처음에는 메모의 발전한 형태로 일기를 시작하는 것이다.

일기 쓰는 일이 부담스럽고 지루하면, 감사 일기를 쓰는 것도 좋은 방법이다.

하루에 있었던 일 가운데 감사할 만한 일 5가지만 매일 기록하는 것이다. 성경에서는 범사에 감사하라고 하지 않는가? 감사할라치면 감사

거리가 널렸다. 지금 내가 이 글을 쓰고 일에도 감사하고 정상적인 호흡을 할 수 있음에도 감사하고 오늘 무사히 출근한 일도 감사할 일이다. 이렇게 감사하다 보면 영성 수련에도 도움이 된다. 처음에는 단문으로 작성하다가 조금씩 글의 분량을 늘려 가면 된다. 그다음에는 중장문의 일기에 도전하면 된다.

일기로 어느 정도 중장문의 글을 쓰는 것이 익숙해지면 그야말로 자신이 하는 일이나 관심 분야의 글을 써 보기 시작하라. 글 쓴 것을 숨겨 두지 말고 자신의 블로그를 만들어 올리기 시작하라. 이것이 중요하다. 메모와 일기는 자기만 보는 글이라면 블로깅을 하는 순간 자신의 글이 세상으로 나오게 되기 때문이다. 이때부터는 글에 대한 책임이 따르게 된다. 그 과정을 거치면서 글의 내용이 신중해지고 성숙하게 된다. 그렇게 쌓인 글을 분류하여 편집하면 자신의 책으로 변하게 된다.

글을 써나가는 과정에서 다양한 장점을 발견하지만, 여러 번 강조했듯이 머릿속 생각이 정리된다는 점을 들 수 있다. 머릿속에만 맴돌던 개념도 글로 옮기는 순간 고정되고 정리되기 시작한다. 못 믿겠다면 현재 막연한 생각을 하나 떠올리고 그와 관련하여 생각나는 단어를 종이에 적어보라. 그리고 그 단어를 다른 단어와 연결해 나가다 보면 자신의 생각이 정리가 되기 시작함을 알게 될 것이다. 그것이 바로 글쓰기의 힘이다.

또한, 글을 쓰기 시작하면 자신의 성장을 경험하게 된다.

글을 쓰다 보면 들어가야 나오는 것도 많아진다는 것을 깨달으면서, 책을 더 읽게 되고 책을 읽으면서 이루어지는 성장이 있을 것이다. 그뿐 아니라 글을 쓰다 보면 생각의 정리와 함께 자신의 생각이 성장함을 느끼게 된다. 자신의 글이 세상에 나온다는 것은 세상과의 약속에 해당하므로 행동변화와 연결되기도 한다. 그래서 글쓰기는 육체적·정신적 성장과도 연결된다.

이렇게 좋은 글쓰기, 대학에서 시작하면 좋겠다.

여행 소비 노하우

이번에 유럽으로 열흘 이상의 해외여행을 다녀왔다.

내가 젊은 시절만 하더라도 신혼여행지도 대부분 제주였기 때문에 (나는 부산 자갈치 시장으로 갔다) 기업의 해외출장이 아니고서는 평소 해외여행을 간다는 것은 엄두도 내지 못할 일이었다. 과거 기업 내에서도 해외 출장 대상자가 되면, 상사는 잘 갔다 오라고 금일봉도 주었고 부모님이 공항까지 전송도 나오던 시절이 있었다. 하지만 요즘은 완전히 달라졌다. 젊은 층, 장년층 할 것 없이 방학이나 조금 긴 연휴가 생기면 쉽게 해외여행을 즐기게 되었다.

여행은 출발하기 전의 설렘이 반이라고 할 정도로 막상 출발하면서부터는 고생길이라는 얘기도 있다. 그렇지만 "우리가 구매하는 것 중에 여행만이 우리를 진정으로 부유하게 만들어 준다."는 말이 있을 정도로 많은 돈을 쓰면서도 아깝다는 생각이 들지 않을 정도로 매력적인 상품이 여행이기도 하다. 특히 우리나라처럼 장기간의 휴가를 얻는 것이 쉽지 않은 분위기에서 열흘 이상 일상에서 벗어나 온전히 가까이 있는 사람과 함께한다는 사실은 비용을 떠나서 가치 있는 일일 것이다.

나는 지금껏 직장 속에서 빡빡한 생활을 해왔기 때문이기도 하지만,

자유여행이 좋다는 지인들의 조언에도 불구하고 아직은 패키지여행의 장점에 더 점수를 준다. 패키지여행은 적은 비용으로 더 많은 장소에 가이드의 설명을 곁들여 함께 관광할 수 있는 장점이 있지만, 쇼핑이 많고 내가 원하는 장소에 더 머물지 못하거나 가고 싶지 않은 장소도 방문해야 하는 단점이 있다. 결국, 휴가를 마음대로 낼 수 있는 상황과 경제적인 여유 문제로 귀결된다. 그래서 패키지여행을 즐길 수밖에 없는 것이다.

그런데 "고기도 먹어본 놈이 안다."라는 속어가 있듯이, 가끔 하는 여행이다 보니 준비 없는 여행이 되기 쉽고 그래서 여행의 참 묘미를 느끼기보다는 내가 어디에 얼마나 가 봤다는 과시용으로 머무는 정도의 여행이 되는 것 같다. 그런 분위기를 반영하듯이 국내 여행사들도 단기간에 저렴한 비용으로 더 많은 지역을 방문하는 상품이 인기가 높다고 한다. 아마도 여유 없이 사는 우리나라의 국민들의 삶과 여행 패턴과도 무관하지 않을 것이란 생각이 든다.

공항에 가서 짐을 보내고 비행기에 올라타면서부터 즐거운 고행(?)이 시작된다. 기내에서 식사를 2~3번씩 하는 긴 여행 끝에 겨우 도착해서는 한국 시간으로 보면 아침시간에 억지로 잠을 자게 한다. 식사 후에는 정해진 일정에 맞춰 정해진 관광지에 여행객들을 밀어 넣어 사진을 찍게 한 뒤 밥을 먹이고 버스에 태워 시차 부적응으로 잠자는 틈을 이용해서 관광 안내를 하고, 새로운 장소로 옮겨서 다시 사진을 찍게 하고 또 밥을 먹이고⋯ 이렇게 열흘을 채우면서 잠자고 일어나는 시간이 그 나라에 익숙해질 때면 여행이 끝난다.

이렇게 돌아다니면서 남는 건 사진뿐이라는 생각으로 열심히 찍고, 귀국해서는 프로필 사진을 바꾸고 몇몇 사람들에게 자랑하고 끝이다. 요즘은 앨범 사진으로 출력해 두고 기념하는 사람도 있기는 하지만 여행지에서 순간을 놓치기 싫어 쉼 없이 눌러 댔던 사진들이 그냥 PC 속에 저장되어 잠자게 된다. 여행 당시에는 왼쪽으로도 찍고 오른쪽으로도 찍고 혼자서 찍기도 하고 두 사람이 같이 찍기도 하고 한 번은 세로로 또 한 번은 가로로 해서 사진을 남겨 두지만, 나중에 그 사진을 보면 그 장소가 어디였는지도 잘 모르게 된다. 물론, 여행지에서의 느낌이나 추억은 남을 것이고, 또 TV를 통해서 방문 장소를 만날 때나 다른 사람과 그 지역에 대한 얘기를 나눌 때면 화제에 끼어들 정도의 도움은 될 것이다.

여러 번 유럽 여행을 했다는 분의 얘기다. "나중에는 그 성당이 그 성당 같고 그 박물관이 그 박물관 같아서 기억도 안 나고 모르겠어요. 가이드 설명을 들을 때는 그런가 해서 사진을 찍어 뒀는데 나중에는 몇 개의 사진 외에는 무슨 사진인지 모르는 사진도 많아요."

그렇더라도 여행 기회를 갖는 것은 큰 의미가 있다고 생각한다. 나 역시도 그랬었다. 그런데 어느 순간 이렇게 여행하는 것은 엄청나게 비합리적인 소비라는 생각을 하게 되었다. 동남아 여행이야 비용이 1, 2백에 그치지만 미주나 유럽 여행을 하게 되면 훨씬 더 큰 비용이 들게 된다. 가정에서 그만한 비용을 들여 소비를 하는 게 뭐가 있을까? 집, 차량 다음으로는 가장 큰 소비에 해당하지 않을까? 그런 큰돈을 쓰면서 끌려 다니다시피 하는 여행 소비는 너무 비합리적인 소비라는 생각을 하게 된 것이다.

그래서 나는 언젠가부터 여행을 하기 전에 몇 가지 준비를 한다. 특히 비싼(?) 여행을 할 때는 더욱 세심한 준비를 한다.

우선 여행국과 관련되는 책을 읽고 그 역사를 정리한다.

그 나라의 역사와 관련되는 대표 영화를 본다.

TV를 통해 방영된 그 나라의 여행프로를 시청한다.

인터넷에서 그 국가와 관련되는 자료를 뽑아서 정리를 한다.

그리고 여행 이동 중에 혹은 관광지에서 안내하는 가이드의 이야기를 메모해 둔다.

여행하면서 그 날 여행한 내용은 가능한 그 날이 가기 전에 혹은 다음 날 새벽에 출발하기 전에 간단한 예비 여행기를 작성해 둔다. 그리고 귀국 후에 사진을 곁들인 여행기를 완성한다.

어떤 분은 너무 힘들게 여행한다고 할지도 모르겠다. 그렇게 하면 여행 피로에다 여행기 스트레스가 더해져 너무 피곤하지 않느냐고 한다. 그렇지 않다. 준비를 철저히 해서 가면 갈수록 가이드 설명이 쏙쏙 귀에 들어오기 때문에 잠도 오지 않고, 오히려 빨리 시차 적응이 가능하고 덜 피곤하다. 그리고 수백만 원 이상 투자한 가치가 더 커진다는 생각에 만족도가 높아진다.

우리 때는 고등학교 시절 '세계사'라는 과목을 대부분 배웠다.

최근 국사를 의무적인 교육에 이어 국정교과서를 만들어 획일적으로 가르치려는 무리수를 두다가 교과서가 폐기되어 버리는 일도 있었지만,

사실 역사야말로 그 어떤 스토리보다 더 흥미진진할 뿐 아니라 그 역사 속에서 주는 교훈도 얻을 수 있고 현재의 모습을 되돌아볼 수 있게 해 준다. 그런데 당시에는 이런 중요한 역사 공부를 무미건조하게 공부의 방편으로만 가르쳤기에 수면제 역할밖에 하지 못했던 것 같다.

성인이 되어서야 국사와 세계사 공부를 다시 하려니 너무 힘들다. 머리에 잘 남지도 않고 국가 간의 복잡한 관계 때문에 읽을 때뿐이다. 근데 직접 보면 달라진다. 이번에 직접 유럽여행을 하면서 보듯 책에서 배우는 것과는 차원이 다르게 배우고 느낄 수 있었다.

"여행은 사람을 겸허하게 만든다. 내가 세상에서 얼마나 작은 부분을 차지하는지 볼 수 있기 때문이다."

누군가 이런 말을 했다. 내가 세계를 만나면서 드는 생각이다. 책을 통해서도, 미디어를 통해서도 나의 부족한 부분을 많이 만나지만, 여행을 통해서 나의 좁았던 생각과 미처 접하지 못했던 세상을 보며 제일 빠르고 쉽게 깨달을 수 있었던 것 같다. 그것도 미리 공부한 만큼 더 많이 가능해진다는 확신을 하게 되었다.

이번 여행을 통해서 그간 열강들의 이데올로기 속에서 막연히 좋은 나라 나쁜 나라로 생각해 왔던 것의 그 본질을 들여다보는 기회가 되었다. 세상에 나쁜 나라와 좋은 나라는 없다. 돈으로 대변되는 이권싸움 속에서 내 편과 네 편만 있을 뿐이라는 것을 다시 한번 확인하는 기회도 되었다.

여행은 움직이는 독서라는 말이 있다. 독서는 앉아서 성장을 체험하는 것이라면 여행은 움직이면서 성장할 수 있는 가장 좋은 수단이다. 내 인생의 CEO가 되기 위해서 다양한 방법으로 많은 나라를 체험할 수 있으면 좋겠다. 그리고 충분한 준비를 통해 같은 비용으로 더 많은 가치를 얻을 수 있으면 좋겠다.

시간을 관리하는 것, 가능할까?

"시간은 금이다."

이런 경구를 보면 식상하게 느껴질지도 모르겠다. 수많은 책이나 강의에서 시간 관리의 중요성을 강조하고 있고 누구나 자신에게 주어진 동일한 시간을 더 효과적으로 사용하려는 고민을 하는 것도 사실이다. 현업에서 한창 일할 때는 바빠 죽겠다며 정신없이 살고, 은퇴해서는 시간은 남는데 할 일이 없다고 아우성치는 모습이 전형적인 우리들의 모습이 아닐까 싶다.

그런데 공통적으로 느끼는 것은 나이가 들면 들수록 시간이 점점 더 빨리 가는 것처럼 느껴진다는 사실이다. 그래서인지 젊을 때는 시간이 좀 더 빨리 갔으면 했는데, 나이가 들면 천천히 가면 좋겠다는 생각을 하게 된다. 나만 그런지도 모르겠다. 그러나 이 시간은 저장할 수도 없고 더 늘릴 수도 없고 양도할 수도 없다. 지금도 시간은 흐르고 있다.

누구에게나 동일하게 주어진 24시간을 보다 효과적으로 사용하기 위한 방법을 생각해 보면, 전체 시간의 활용 밀도를 높이는 방법과 절대적인 시간을 늘리는 방법이 있을 것이다.

절대적으로 활용시간을 늘리려면 잠을 줄여야 하는데, 이것은 바람직하지 않은 것 같다. 중고등학교 시절 4당 5락이라 해서 4시간 자면 입시에 붙고 5시간 이상 자면 떨어진다는 얘기를 하면서 잠을 적게 자려고 한 적도 있었는데, 지금 생각해 보면 올바른 방법이 아닌 것 같다. 잠을 덜 잔 상태에서 어떤 일을 하는 것은 그만큼 집중력도 떨어지고 건강에도 영향을 주기 때문에 충분히 자고 깨어 있는 시간에 집중하는 편이 낫다는 생각이다.

사실 인생의 1/3은 잠을 자기 때문에 잠자는 시간을 줄일 수만 있으면 절대적인 시간을 크게 늘릴 수 있는 것도 사실이라 잠을 줄이는 방법을 찾아 기웃거려 보기도 하지만 쉬운 일은 아니란 걸 안다. 어떤 사람은 3~4시간만 자고도 완벽히 피로가 풀린다는 부러운 사람도 있지만, 이것도 개인의 타고난 체질과 관련되는 것이 아닌가 싶다. 알다시피 일반적으로는 적어도 7, 8시간을 자야 다음 날 정상적인 활동이 가능하다.

절대적인 시간을 늘리는 게 만만치 않다고 하면, 이제는 깨어 있는 시간을 더 집중적이고 효과적으로 사용하는 방법만 남는다.

시간 관리에서 가장 중요한 것은 시간을 돈과 재화처럼 중요한 자원으로 여기는 데서 출발한다. 대부분 돈이나 물질적인 것들은 자원으로 여기지만 시간처럼 눈에 보이지 않는 것은 자원으로 보기 쉽지 않다.

기업 관점에서 생각해 보면, 시간이 핵심 자원이라는 것을 금세 알 수 있다.

휴대폰 경쟁에서 경쟁 회사보다 높은 사양을 가진 휴대폰을 빨리 출시하는 만큼 그 기간 동안 자사의 수익을 최대로 할 수 있다. 그리고 후발 사업자들이 같은 사양으로 진입하면 같은 기능의 휴대폰 가격을 내리고 자사는 또 더 나은 기능의 휴대폰을 출시해서 수익률이 높은 시장에 머무르려고 하는 것이다. 반도체 용량 경쟁에서도 마찬가지고 자동차, 의류 등 모든 제품의 출시 기간은 그 기업의 경쟁력과 맞물려 있다. 기업에서 시간은 바로 핵심 자원이고 경쟁력이 되는 것이다.

유명인이나 전문가들에게 있어 개인의 시간은 바로 돈(자원)이란 것을 알 수 있다. 유명 연예인의 시간은 말할 것도 없고 전문직업인 변호사나 의사, 상담사의 시간은 모두 돈으로 바뀌는 자원이다. 단지, 학업기간에 있는 대학생들에게는 자신의 시간이 자원으로 바뀌는 준비 기간이기 때문에 귀중한 자원으로 인식되지 않아 소홀히 여길 수도 있겠지만, 그 시간 동안 준비하는 공부, 네트워킹, 경험이 모두 미래의 귀중한 자원이 됨을 명심해야 한다.

시간의 사용 밀도를 높이는 것은 건강과 직결되어 있다. 전날 감기나 숙취로 건강이 좋지 않은 상태에서 공부를 하거나 리포트를 쓰는 것과 아침에 운동을 하여 건강하고 활력적인 상태에서 처리하는 일의 효율성은 비교가 되지 않을 정도로 차이가 난다. 같은 시간을 더 밀도 있고 집중적으로 사용하려면 건강해야 한다. 적은 시간으로 더 많은 일을 할 수 있게 된다. 시간을 잘 관리하기 위해서라도 우리는 꾸준히 운동을 해야 하는 것이다.

두 번째는 중요한 일부터 먼저 해야 한다.

지금은 고인이 된 스티븐 코비 박사는 『성공하는 사람들의 7가지 습관』이란 책에서 세 번째 중요한 습관으로 중요한 것부터 먼저 해야 풍요롭고 의미 있는 삶을 살 수 있다고 했다. 주어진 일을 급한 일과 중요한 일을 기준으로 4분면으로 나눠보면 중요하고도 급한 일, 중요하지도 않고 급하지도 않은 일, 급하지만 중요하지 않은 일, 급하지는 않지만 중요한 일로 나눠볼 수 있다.

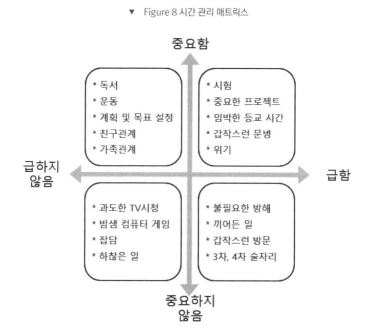

여기서 중요하고 급한 일은 특별히 관리하지 않아도 된다. 하지 않을 수 없기 때문이다. 가령, 기말고사 시험을 본다거나 어머니가 갑자기 다친 것과 같이 중요하고도 급한 일은 다른 일을 제쳐놓고 먼저 할 수밖에 없기 때문이다. 문제는 지금은 급하지 않은데 중요한 일이다. 이런 일은 중요하긴 해도 지금 급하지 않기 때문에 처리하기를 미루게 된다. 그렇게 미루다가 나중에 문제가 될 때는 급하고 중요한 일로 바뀌게 된다.

지금 급하지는 않지만 중요한 일에는 앞에서 말한 건강 챙기기와 가족 모임, 자기계발, 취미 활동, 친구와의 교류, 적당한 휴식과 같은 활동들이 있다. 주로 자신의 미래와 관련되는 사항들이다. 가령 지금 대학생인 젊은 학생들은 당장 건강을 챙기지 않는다고 문제가 될 일은 없을 것이다. 그렇지만 건강에 문제가 생기면 급하고 중요한 일로 바뀌게 되는 것이다. 그래서 중요한 일부터 자신의 일정표에 먼저 고정시키고 난 뒤, 나머지 중요하지 않은 일상을 채워 나가야 제대로 시간을 쓰게 된다.

세 번째는 주도적으로 시간을 사용해야 한다.

한때는 비서들이 마련해 준 한 시간 단위로 채워진 빼곡한 일정을 보며, 정신없이 하루를 보내는 것을 흐뭇해하며 알차게 시간을 보냈다고 착각하며 지내던 적이 있었다. 지금 생각해 보니 일정표가 빈틈없이 채워지고 일정을 추가하기 힘들 정도로 바쁘게 사는 것이 나의 존재감을 드러내는 수단인 양 도취해 있었던 것이 아닌가 싶다. 시간 관리의 핵심은 빈틈없이 꽉 찬 시간 사이로 비집어 끼워 넣는 것이 아니라 우선순위에 따라 선택하는 것이라고 했다. 그런 개념 없이 일정을 채웠다는 것만으로 만족해서는 시간에 끌려다니기 십상이다. 자기 주도적으로 시간을 관리해 나가야 한다. 그리고 평소 할 일을 적어 두고 관리하는 습관을 들여야 한다.

어느 날 아침에 보니 10가지 정도 처리해야 할 일이 있다고 가정해 보자. 이 상태에서 그냥 하루를 바삐 보내고 나면 십중팔구 저녁에 한두 가지 이상은 빠트리고 처리하지 못한 것을 알게 된다. 마치 마트에 장보러 갈 때, 적어 가면 효과적으로 장을 볼 수 있듯이 미리 해야 할 일을 적어두고 시작해 보라. 내 경험으로는 거의 100% 처리된다. 이처럼 적어두는 것은 목표 달성이나 비전 달성에도 도움 될 뿐 아니라 하루하루 시간을 효율적으로 사용하는 데도 큰 도움이 된다.

또한 자신이 만들어 놓은, 시간을 잡아먹는 좀도둑들을 퇴치해야 한다. 목표나 계획이 엉성하거나, 작업 공간이 산만하다든지 뒤로 미루는 버릇이 있으면 24시간으로 제한되어 있는 시간을 자꾸 도둑맞게 된다.

시간 관리는 좁은 의미로 보면 주어진 시간을 더 효율적으로 사용하는 일이 되지만, 좀 더 크게 보면 시간이 쌓여 인생이 되므로 자신의 풍요로운 삶을 위한 인생을 통제하는 출발점이 된다.

그런데 과연 시간을 관리하는 것이 가능할까?

아무리 시간이 없어 바빠 죽을 상태라 하더라도, 자신이 평소 좋아하는 어여쁜 여학생(또는 멋진 남학생)이 차 한잔하자고 하면 당장 시간이 생기는 것을 보면, 시간을 관리할 수 있는 것 같다.

자기계발서 딱 3권만

책을 읽지 않던 사람이 책을 읽기 시작하기란 쉽지 않다.

일반 성인은 물론이고, 대학생들도 책을 거의 읽지 않는 사람이 의외로 많다. 나도 그런 사람 중 한 사람이었다. 학생들에게 독서의 중요성을 강조하면 또 그 소리냐는 듯 쳐다본다. 그만큼 많이 들었다는 반응이다. 그래서 독서의 중요성에 대한 얘기를 할 때는 "여러 번 들었겠지만……"이라는 말을 꼭 넣는다.

듣는 학생들의 입장은 어떨까?

그 마음속에 들어가 보지는 않았지만, 아마도 독서의 중요성은 느끼고 있을 것이다. 다만, 실천하기 어렵고 습관화하기는 더욱 어렵기 때문에 어른들로부터 듣는 잔소리 정도로 여겨 버리지 않을까 하는 생각이 든다.

그래서 부질없는(?) 부탁일지도 모르지만 독서를 처음 시작하는 사람이 꼭 읽었으면 좋겠는 책을 한번 추천해 보기로 한다.

평소 독서량의 많은 사람들이 추천하는 책을 초보자가 읽고 바로 소화하기란 쉽지 않다. 오히려 질리게 만들어 또 다시 책에서 멀어지게 만드는 계기가 될 수 있다. 나 역시 많은 책을 읽은 것도 아니고 일찍부터 책을 읽은 사람이 아니지만 어느 정도 독서의 재미와 필요성을 느낀 사람의 한 사람으로서 후배들이 반드시 읽었으면 하는 책을 추천하고 싶은 것이다.

처음 추천할 책은『독서 천재가 된 홍 대리』이다.
이 책은 자기계발서『리딩으로 리딩하라』를 지은 이지성 작자의 제자인 정회일 씨가 쓴 책으로 평소 책을 잘 읽지 않던 평범한 홍 대리가 책을 읽기 시작하면서 인생의 큰 변화를 겪게 되는 내용을 담은 책으로 독서 초보자가 독서에 익숙해지는 방법까지 자세히 소개하고 있다.
책이 두껍지 않고 책을 잘 읽지 않는 대부분의 우리들의 모습을 담고 있어 쉽게 공감이 되어 잘 읽히는 책이다. 또한 소설 형식으로 되어 있어 재미도 있는 책이다. 책을 거의 읽은 적이 없던 나의 둘째 아들이 읽고서 좋은 책이라고 했기 때문에 믿을 만한 책이라 생각한다.

다음 소개할 책은『실행이 답이다』이다.
『실행이 답이다』는 아주대 심리학 교수인 이민규 박사가 쓴 책으로『1%만 바꿔도 인생이 달라진다』라는 책으로 자기계발서 열풍을 일으킨 분이다. 머릿속으로는 수많은 계획을 하지만 실제 행동으로 옮기기란 쉽지 않다. 이 책은 실행에 옮기는 데 필요한 방법을 아주 쉽게 잘 설명해 주고 있다.
누구나 샤워 중에 기발한 아이디어가 떠오를 수 있다. 그러나 샤워를 다하고 몸을 말리고 나서 그 아이디어를 실천에 옮기는 사람만이 차이를 만들어 내는 사람이다(노먼 부쉬넬).

이 말처럼 실행으로 옮기지 않은 계획은 의미 없다. 젊은 시절의 멋진 생각들을 실행으로 옮기기 위해서 꼭 읽어야 하는 책이라 생각한다.

다음 소개할 책은 『습관의 힘』이다.

이 책은 뉴욕타임즈 전문기자 찰스 두히그가 지은 책을 번역한 책이다. 시작이 반이라고는 하지만, 어떤 일을 실행하더라도 습관이 되지 않는 한 곧 실패에 이른다. 독서나 운동을 하겠다고 쉽게 계획하지만 곧 실패하는 이유다. 사람들의 생각을 행동으로 옮기기도 힘들지만 그 행동을 습관으로 정착하는 것은 더욱 힘들다.

우리 두뇌는 두뇌를 경제적으로 사용하기 위해서 반복하는 일에 대해서는 머리 에너지를 사용하지 않고 습관으로 행동하도록 프로그램되어 있다고 한다. 가령, 아침에 세수를 하고 머리를 감을지 머리를 먼저 감고 세수를 할지 별도로 생각하지 않아도 되도록 습관화되어 있고, 왼발부터 양말을 신을지 오른발부터 양말을 신을지에 대해서도 미리 생각해서 행동하지 않아도 되도록 습관화해 둠으로써 두뇌를 사용하는 에너지를 절약하는 것이다.

반복해서 살이 찌는 사람은 그렇게 습관화되어 있기 때문이라 한다. 평소 먹는 음식과 행동이 이미 뇌에서 습관으로 기억되어 있기 때문에 이 습관을 끊지 않고서는 비싼 다이어트 약만 복용하는 일만 되풀이하게 되는 것이다. 이처럼 우리가 계획한 좋은 일을 습관화하기 위해서 꼭 읽어야 하는 책이다.

빌게이츠, 워렌 버핏, 모두 성공하고 부자가 되는 비결은 "다른 사람의 좋은 습관을 내 것으로 만드는 것이다."라고 했다. 성공하는 비결도 좋은 습관을 기르는 데에 있다.

습관은 어떤 일을 계획한 뒤에 그 일을 반복하게 만드는 방법을 알아 그 실행이 유지되도록 해주는 것이다. 가령, 매일 밤 10시에 조깅을 하기로 계획했다면 습관으로 정착할 수 있는 기간이라는 3주, 즉 21일 동안 그 시간에 비가 오더라도 직장에서 회식이 있다 하더라도 실행을 멈추지 않아야 조깅이 습관화될 것이다. 그런 상황이 발생했을 때조차도 조깅을 유지할 수 있도록 습관화 계획이 마련되어 있어야 습관화에 성공하게 되는 것이다.

다른 사람을 변화시키는 유일한 방법은 자신이 변하는 것이라 한다. 자신이 변할 때는 남의 말이나 완력에 의해 변화되는 것이 아니라 스스로 인정하고 그렇게 해야겠다고 결심할 때이다. 스스로 깨닫고 변화를 받아들이게 만드는 가장 좋은 방법이 바로 독서다. 그래서 독서는 궁극적으로 나를 바람직하게 변화시킬 뿐 아니라 타인도 내가 원하는 대로 움직이도록 만드는 출발점이 된다.

이렇게 중요한 독서를 생각만 할 것이 아니라 실행으로 옮기고 또 그것을 습관화해야 한다. 그래서 독서, 실행, 습관에 관한 책 3권을 권한 것이다.

한비야가 권한 50권의 책, 매년 CEO들이 휴가철에서 읽는 책, 유시민의 청춘의 독서, 북클럽 회원 추천 도서 등등 명사를 비롯해 여러 기관에서 추천한 책들은 수없이 많다. 나는 이들이 추천한 책을 메모해 두고 수시로 구입하거나 빌려 읽고 있다. 어떤 책은 재미도 있고 공감이 되는 책도 있지만, 그렇지 않은 책이 더 많다. 그 책을 추천한 사람들과 독서 수준이 다르기 때문이다.

　그래서 평소 책을 읽지 않던 사람이 무작정 유명인이 추천한 책을 읽겠다고 덤비다가는 오히려 독서에 대한 흥미를 잃을 수 있다. 그래서 책을 읽기 위한 습관을 정착하기 위한 방법을 제시하는 몇 권의 책을 추천한 것이다.

　이상에서 추천한 3권의 책은 독서를 시작하기 위해서뿐 아니라 자신이 계획한 삶을 효과적으로 살기 위해서도 꼭 필요한 책이라 생각한다. 이렇게 책을 통해서 실행하고 형성된 나의 습관은, 처음에는 내가 습관을 만들었지만 나중에는 그 습관이 나를 만들어 갈 것이다.

　시인 존 그린리프 휘티어는 "이 세상에서 말과 글로 표현할 수 있는 가장 슬픈 단어는 '~했더라면 좋았을 텐데'이다."라고 했다. 슬픈 미래를 맞지 않기 위해서도 책을 읽어야 한다. 그것이 내 인생의 CEO가 되는 가장 빠른 길이라고 생각한다.

책을 읽으면 성장이 되나요?

"우리 아버지는 늘 책과 가까이 하시는데 왜 그럴까요?"

나는 『주인공 빅뱅』이라는 책에서 누구나 주인공의 삶을 살 수 있어야 하고 주인공의 삶을 사는 데는 의식 성장이 선행되어야 한다고 주장하면서 두 가지 요건으로 정신적인 성장을 도와주는 '독서'와 육체적인 성장을 도와주는 '건강'이 중요하다고 했다.

살아가면서 형성된 사람의 생각은 쉽게 변하지 않는데, 남에 의해서는 바뀌기는 더욱 힘들다는 것을 안다. 우리들이 가까운 친구·친지·배우자로부터의 충고를 잘 듣지 않는 이유이기도 하다. 그나마 지금까지 자신을 형성해 오게 만든 변화는 심한 충격을 받았거나 어떤 영화, 책, 존경하는 사람 등을 통해 감동을 받아 스스로 변화의 필요성을 인정했을 때가 아니었을까 생각한다.

자신의 바람직한 변화를 위해서 어쩔 수 없는 '심한 충격'의 순간까지 가는 것은 어리석은 행동이라고 볼 때 그나마 다른 사람의 좋은 생각과 행동을 본받는 가장 좋은 방법은 독서라고 생각한 것이다. 나 역시 늦게나마 책을 접하면서부터 조금씩 생각이 바뀌어 가는 것을 체험하면서 그런 주장을 하게 되었다.

알다시피 책은 온갖 정보와 지혜로 가득 차 있다.

요즘과 같이 인터넷이 삶의 한 부분이 된 시대에는 '노하우'가 아니라 '노웨어'라고 해서 원하는 정보가 어디에 있는지를 아는 것이 중요하다고는 하지만 그것은 지혜가 아니라 지식 차원의 이야기라 생각한다. 인터넷을 통해서도 지혜를 얻을 수 있겠지만, 단편적이고 순간적인 깨달음에 그치고 지속되기 어렵다. 반면 책을 통한 깨달음은 작가의 인생을 통해 얻는 것이어서 다르다. 마치 영화 줄거리만 보고 영화를 이해하는 것과 영화 전체를 보고 난 뒤의 느낌이 다른 것과 같은 차원이다.

책을 통해서 얻은 지혜가 내 것이 되어 발현될 때, 나는 이것을 의식 성장이라고 한다. 의식 성장이야말로 죽음에 이를 때까지 평생 추구해야 할 것 중 하나라고 생각한다. 의식 성장이 멈추면 그 시점의 의식수준으로 살아가면서 얻어지는 단편적인 지식만으로 살게 되는데 그것은 성장과는 거리가 멀다. 그리고 이 성장은 우리들이 평생을 살면서 어쩔 수 없이 쫓게 되는 富의 크기로 이루어지는 것도 아니다.

그래서 쇼펜하우어는 지식과 부 모두 가치중립적이지만 무지와 부가 합쳐지면 '천박'이 된다고 했다. 이때 말하는 무지는 지식 없음보다는 지혜 없음에 가깝다고 할 수 있을 것이다. 즉, 돈을 갖더라도 의식 성장이 되지 않으면 천박한 삶을 살게 된다는 뜻일 게다. 부의 크기도 의식 성장과 함께할 때라야 다른 사람의 진정한 존중과 인정을 받을 수 있는 것이다.

그런데 어떤 분이 나에게 이의를 제기한 것이다.

"우리 아버지는 늘 책과 가까이 하시는데 왜 그럴까요?"

그의 부친은 80세가 넘은 분으로 우리나라 최고의 대학을 졸업했을 뿐 아니라 최고의 기업에서 은퇴를 하시고 늦게 박사학위까지 취득하신 분으로 지금도 매월 30권 정도의 책을 읽는 분이라고 했다.

그렇게 말하는 동안 그분은 열심히 살아온 자신의 부친에 대한 존경심보다는 평생 자신의 어머니와 자식들을 힘들게 하면서 어렵게 했던 기억뿐이라며 배려나 헌신과 같은 것을 찾을 수 없는 분이었다고 했다. 그리고 또 힘든 부분 중 하나는 늘 당신처럼 책을 읽어야 한다고 강요했기에 자신은 오히려 책을 멀리 하게 된 원인이 되었다고 한다.

이런 예는 우리 주위에서 흔히 볼 수 있다.

가방끈도 길 뿐 아니라 두뇌도 비상한 분이 수시로 책을 끼고 사는데도 의식 성장은커녕 오히려 아는 만큼 자신의 타고난 지적 능력을 자신의 고집스런 생각을 합리화하거나 방어하는 데 사용하는 분들이 있다. 그렇게 살아가는 동안, 자신의 생각이 신념을 넘어 확신으로 굳어버리게 되는 분들이다.

왜 책을 읽는데 의식 성장이 되지 않고 오히려 더 막힌 사람이 되기도 하는 걸까?

이것은 마음을 열지 않고 책을 읽기 때문이다.

마음을 열지 않고 책을 읽으면 같은 내용을 읽어도 자신이 원하는 부분만 강화시키게 되고, 그렇지 않은 부분은 흘려버리게 된다. 이런 사람들은 책을 선택할 때도 자신의 신념이나 고집을 강화시키는 책만 선호하게 되는 등 편식이 심한 독서를 하게 되는 것이다.

종교를 생각해 보면 쉽게 이해를 할 수 있다.

같은 종교인이라도 어떤 분들은 열린 마음을 가지고 상대를 대하는 사람이 있는가 하면 어떤 분들은 꽉 막힌 채 자신의 생각에서 한 치의 물러섬도 없겠다는 인상을 주는 분들이 있다. 이런 분들은 자신이 속해 있는 종교와 관련된 서적만 읽으면서 자신의 막혀 있는 생각을 더욱 굳히고 자신의 논리를 보강하는 수단으로 책을 읽게 된다. 반면, 열린 마음으로 종교생활을 하는 사람은 성경도 읽고 불경도 읽고 코란도 읽고 리그베다도 읽으며 세상의 진리를 깨달으려 노력하기 때문에 상대방에 대해서 열린 마음이 생기는 것이다. 하지만 특정 종교에 독실한 사람일수록 이런 사람을 '믿음이 부족한 사람'으로 여기게 된다.

의식 성장과 더불어 책을 읽지 않고 자신이 원하는 책과 자신이 필요한 부분만 읽는 사람은 철저하게 자기 논리에 갇힌다. 그런 사람들은 책을 읽으면서 다른 사람을 배려하는 것이 아니라 다른 사람이 자기 생각에 들어오도록 강요하게 되고, 그렇지 않은 사람은 편견과 아집으로 무장된 자신의 지식만큼 이르지 못했다며 상대를 굴복시키려 하거나 무시하게 된다.

반면 열린 마음으로 의식 성장과 더불어 책을 읽는 사람은 점점 더 사람을 배려하게 된다. 왜냐하면 책을 읽을수록 자신과 다른 삶이 무궁무진하다는 것을 인정하게 되고, 자신이 너무나 부족하다는 것을 깨닫게 되기 때문이다.

열린 마음으로 책을 읽는 사람인가? 아니면 나의 생각을 공고화하고 다른 사람을 의식하면서 자랑하기 위한 수단으로 책을 읽는 사람인지 돌아봐야 한다. 세월이 흘러 자신밖에 모르는 고집스럽고 추한 늙은이가 되지 않기 위해서…….

진로 로드맵을 그려 보자

진로를 확정하는 것만 해도 중요한 일이지만, 이제는 그 진로를 포함한 자신의 전체 인생 로드맵을 만들고 그 로드맵을 따라 자신을 브랜딩해 나가야 한다. 마치 기업이 소비자에게 선택되는 상품을 만들 듯이 자신이 세상에 먹히는 상품으로 변신해 나가야 하는 것이다.

먼저 나의 성격이나 흥미, 가치관에 의해서 도출된 나의 인생 비전을 가운데다 배치해 두고, 그 인생 비전을 달성하기 위해 내가 평생 동안 습득하고 달성하고 경험해야 할 꿈 목록들을 기록하는 것이다.

꿈 목록은 연령별로, 역할별로 작성하면 보다 구체적으로 작성할 수 있다. 나의 인생 비전을 달성하기 위해 30대에는, 40대에는… 그리고 70~100세 사이에는 어떤 꿈을 달성하고 싶은지, 자식으로, 남편과 아내로서, 부모로서 사회인으로서 어떤 꿈을 달성하고 싶은지를 생각해 보고 기록하면 된다.

꿈 목록까지 완성되면 이제는 설정한 꿈과 비전을 달성하기 위한 목표를 작성해야 한다. 비전이 우리 삶의 목적지라면 목표는 그 목적지에 가기 위해 들러야 하는 정거장들이다. 이 목표들을 잘 작성하고 달성해야 자신의 꿈과 목표들이 이루어지게 되는 것이다.

우선은 자신의 미래를 마음껏 준비할 수 있는 대학 기간 동안 달성해야 할 목표들을 잘 설정해야 한다. 기본적인 학점, 자격증에 대한 것을 비롯해 독서나 동아리 활동, 해외경험에 대한 목표도 포함되면 좋겠다. 현재와 가까운 목표일수록 목표가 구체적이어야 함은 당연하다. 그래서 학년별로 학기별 그리고 방학기간 동안 할 것들에 대해서 구체적인 목표가 설정되어야 한다.

물론 그런 목표를 달성하는 데 있어 여러 장애 요인이 있을 것이다. 그런 장애 요인을 어떻게 극복할 것인지에 대한 내용도 들어가면 좋다. 이렇게 그려진 인생 로드맵을 자신의 휴대폰에 저장해 두고, 책상 위 혹은 머리맡에 붙여 두고 매일 보면서 하나씩 실천으로 옮겨보라. 어느새 자신의 비전에 성큼 다가가 있는 자신을 발견하게 될 것이다.

이렇게 자신의 비전을 달성하기 위한 목표를 적을 때는 몇 가지 원칙이 있다.

"나는 운동을 열심히 하겠다. 나는 영어공부를 열심히 하겠다."와 같은 목표를 가졌다고 하면 이 목표는 거의 이루어지기 힘들다. 아니, 어쩌면 모두 달성할 수 있을는지 모른다. '열심히'의 기준이 없었기에 영어공부와 운동을 자기 기준으로 열심히 했다면 목표를 달성한 것이 되기 때문이다.

그래서 목표를 적을 때는 자신의 목표가 제대로 적혔는지를 간단히 확인할 수 있는 'SMART 기법'에 의해 목표를 적으면 달성 가능성이 훨씬 높아진다. SMART는 영어의 첫 단어에서 나온 용어로 목표를 작성할 때는 구체적으로(Specific) 작성하고, 측정 가능하게(Measurable) 작성해야 하며, 실현 가능한 목표를 적어야 하고(Attainable or Action oriented), 결과지향적으로(Result-oriented or Realistic) 작성해야 하며, 기한이 정해져(Time bounded or Timely) 있어야 한다는 의미다.

SMART 목표 설정 방식에 의해서 위의 '영어공부를 열심히 하겠다'는 목표를 다시 적어 보면, '나는 현재 600점인 토익점수를 3개월 동안 200점을 올리기 위해 새벽 6시 반 학원 등록을 하고 매일 8시~10시까지 학습하고 토요일에는 주 1회 모의 토익 시험을 본다.'와 같이 목표설정을 할 수 있을 것이다. 여기서 반드시 포함되어야 할 것은 목표 달성을 확인할 수 있는 '측정방법'과 '달성기간'이라 할 수 있겠다.

이렇게 해서 완성된 인생 로드맵에는 자신의 인생 비전(진로 비전)을 잘 설명할 수 있는 그림이 들어가면 좋겠다. 이것을 '시각화'라고 한다.

시각화는 자신이 간절히 목표로 하는 것을 이루었을 때 모습을 그림으로 표현하는 것이다. 다이어트에 성공하여 멋진 해변에서 꿈에 그리던 연인과 함께 거니는 모습을 그려두거나, 열심히 영어공부를 해서 영어 웅변대회에서 수상하는 모습을 그림으로 표현해 두는 것과 같은 방법이다.

그리고 자신의 비전과 꿈, 목표를 달성하기 위해 실천사항을 반복해야 한다. 반복해서 습관화하여야 한다. 습관화되기 전의 목표 달성 계획은 수많은 실패로만 기록될 뿐이다. 습관화를 위해서는 반복과 연습을 해야 하는데 반복과 연습의 중요성을 알고 싶으면, 유명한 축구선수 박지성 씨와 세계적인 발레리나 강수진 씨의 찌그러진 발모양을 보면 된다.

▼ Figure 9 박지성과 강수진의 발모양

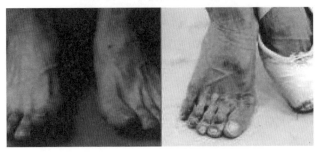

그리고 유명한 피아니스트 루빈스타인은 "하루만 연습을 거르면 내가 알고, 이틀 연습을 거르면 내 친구가 알고, 사흘 연습을 거르면 내 청중들이 안다."라며 연습의 중요성을 강조했다.

나를 만들어내는 멋진 브랜딩은 결국 진로 비전을 향한 목표 달성을 위해 필요한 실천 사항을 무한히 반복하는 데에 있는 것이다.

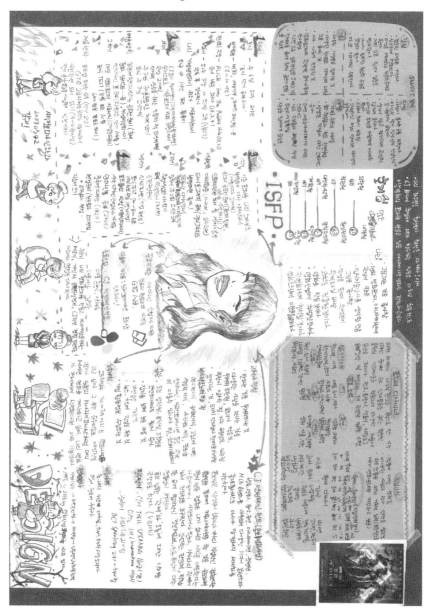

▼ Figure 10 진로 로드맵 사례

에필로그

"모두가 한 방향으로만 뛰면 1등이 한 명뿐이지만, 360도로 뛰면 모두가 1등 할 수 있어요."

이어령 교수의 말이다.

우리가 진로를 고민하는 이유는 명확하다. 내 인생에 내가 주인공이 되기 위해서다. 앞으로 나는 내가 원하는 원치 않든 내 인생의 CEO로 살아가야 한다.

부모로부터 받은 능력과 앞으로 내가 개발해서 더해진 능력을 가지고 나를 브랜딩해서 만들어낸 나의 가치를 소비하는 사람으로부터의 도움을 주고 받으며 나는 주인공으로서 그리고 CEO로서 살아가야 한다.

내 인생의 주인공이 되기 위해 가장 중요한 무기는 '자존감'이다. 자존감은 있는 그대로의 나를 사랑하고 존중하는 데서 출발한다. 완벽한 사람은 없다. 완벽해 보이는 사람도 그 사람의 입장에서는 늘 부족한 면이 있다. 더군다나 사회가 만들어 놓은 기준에 미흡한 사람들이 자존감을 유지하기란 쉬운 일이 아니다.

그래서 자신만의 비전과 가치관을 든든하게 정립할 필요가 있다. 이를 통해 남들이 만들어 놓은 기준에 흔들리지 말고 나의 소중한 가치 기준을 바탕으로 나의 진로 비전을 설정해야 한다. 이렇게 해서 설정된 나의 진로 비전을 바탕으로 나의 무한한 가능성을 믿고 끊임없는 도전과 함께 성장해 나가야 한다. 이렇게 성장해 가는 동안 나의 비전과 가치관은 더욱 업그레이드 될 수 있을 것이다.

이러한 성장에서 가장 중요한 무기는 독서와 글쓰기 그리고 운동이다. 이 세 가지 무기를 가지고 죽는 날까지 자신을 업그레이드 시켜 나간다면 분명히 성공한 주인공의 삶을 살게 될 것이다.

과거는 대학생 때 진로를 고민해서 평생을 살 수 있었다면, 이제는 기대수명이 100살, 120살까지도 늘어날 수 있기 때문에 여러 번 진로를 고민해야 할지도 모른다. 젊은 시절 진로를 설정해서 중년시절 종사한 능력을 잘 개발해서 끝까지 갈 수 있으면 좋겠지만, 그렇게 되는 경우는 많지 않을 것이다.

이처럼 앞으로 여러 번 바뀔 수 있는 자신의 진로를 통해 평생 자신이 원하는 삶을 살기 위해서는 자신의 진로가 철저하게 자신의 비전과 가치관과 정렬되어 있어야 한다. 그래야 흔들리지 않고 자신의 삶을 살 수 있다.

이 책은 우리의 미래를 이끌어갈 청년들이 자신의 진로에 대해서 편안하게 생각해 보자는 차원에서 만들어졌다. 가치관과 비전, 목표, 독서, 글쓰기, 운동… 여러 가지를 언급했지만 이 책을 마무리하면서 후배들에게 딱 한 가지만 주문한다면 뭐가 될까?

나는 "기록하기 시작하라."는 말로 마무리 짓고 싶다. 기록하면 정리되고 정리를 하다 보면 자신의 성장이 시작된다. 이렇게 시작된 자신의 성장은 주인공의 삶과 연결될 것으로 확신하기 때문이다.

"기록하기 시작하라!"
　그리고 나의 방향을 잘 찾아 내가 뛰고 싶은 방향으로 뛰어 주인공으로 살자!

진로와 취업 문제로 고민하는 대학생들에게
행복한 에너지가 팡팡팡 샘솟기를 기원합니다!

초등학교, 중학교, 고등학교를 거쳐 이제 막 스무 살, 대학에 입학한 학생들은 대학생이 되었다는 즐거움을 오랫동안 누리지 못하는 게 요즘의 모습 같습니다. 이미 고등학생 때부터 취업에 대한 고민을 하고, 대학생이 되어서도 어떤 진로로 나아갈지 결정하지 못해 방황하는 학생들을 많이 봅니다. 수능이라는 치열한 전쟁 끝에 남은 것이 오로지 성적표뿐이라는 생각을 하면 현실이 씁쓸하게만 느껴집니다.

그런 의미에서 『대학생, 진로와 마주하다』는 진로에 대해 깊게 생각해 보고 알아볼 기회조차 갖지 못한 대학생들에게 도움을 주는 책이라고 할 수 있습니다. 진로뿐만 아니라 대학 생활을 어떻게 하면 좋은지, 또 학교를 어떻게 이용해야 좋은지, '나'를 어떻게 알아가야 하는지 등 대학생이라면 누구나 한번쯤 고민해 봤을 문제에 대해 명쾌한 해답을 제시해 주고 있습니다. 특히 현재 대학생들에게 진로 지도 강의를 하고 있는 현직 교수로서 알려주는 내용들은 하나도 놓칠 것 없이 모두 유익합니다. 학생들을 진심으로 염려하고, 격려해 주고자 하는 따뜻한 마음이 이 책에 고스란히 녹아 있습니다.

갈수록 세상은 빠르게 변화하고 또 진화합니다. 하루가 다르게 변하는 세상 속에서도 포기하거나 좌절하지 않고 앞으로 나아갈 길(進路)을 찾는 노력을 기울인다면, 스스로의 인생을 '주인공'으로서 살아갈 수 있으리라 믿어 의심치 않습니다. 세상을 향해 힘찬 걸음을 내딛은 대학생들과 이 책을 읽은 독자분들에게 행복한 에너지가 팡팡팡 샘솟으시기를 기원드립니다.

하루 5분 나를 바꾸는 긍정훈련

행복에너지

'긍정훈련' 당신의 삶을
행복으로 인도할
최고의, 최후의 '멘토'

'행복에너지
권선복 대표이사'가 전하는
행복과 긍정의 에너지,
그 삶의 이야기!

⊕인터파크
자기계발 분야 주간
베스트 1위

권선복 지음 | 15,000원

권선복

도서출판 행복에너지 대표
지에스데이타(주) 대표이사
대통령직속 지역발전위원회
문화복지 전문위원
새마을문고 서울시 강서구 회장
전) 팔팔컴퓨터 전산학원장
전) 강서구의회(도시건설위원장)
아주대학교 공공정책대학원 졸업
충남 논산 출생

책 『하루 5분, 나를 바꾸는 긍정훈련 - 행복에너지』는 '긍정훈련' 과정을 통해 삶을 업그레이드하고 행복을 찾아 나설 것을 독자에게 독려한다.
긍정훈련 과정은 [예행연습] [워밍업] [실전] [강화] [숨고르기] [마무리] 등 총 6단계로 나뉘어 각 단계별 사례를 바탕으로 독자 스스로가 느끼고 배운 것을 직접 실천할 수 있게 하는 데 그 목적을 두고 있다.
그동안 우리가 숱하게 '긍정하는 방법'에 대해 배워왔으면서도 정작 삶에 적용시키지 못했던 것은, 머리로만 이해하고 실천으로는 옮기지 않았기 때문이다. 이제 삶을 행복하고 아름답게 가꿀 긍정과의 여정, 그 시작을 책과 함께해 보자.

『하루 5분, 나를 바꾸는 긍정훈련 - 행복에너지』